SALOMON REINAC

Agrégé de grammaire

CORNÉLIE

OU

LE LATIN SANS PLEURS

PARIS

LIBRAIRIE HACHETTE

1912

À TOUTES LES CORNÉLIES

CORNÉLIE

ou

LE LATIN SANS PLEURS

BUSTE DE JEUNE FILLE.
(MUSÉE NATIONAL DE NAPLES)

AVANT-PROPOS

*Il faut un peu de grec à notre éducation esthé-
tique, un peu plus de latin à notre éducation morale.
Les Romains ont été les plus grands des moralistes,
parce que leur esprit était plus porté à la pratique
qu'à la spéculation ; ce que nous appelons la morale,
n'est-ce pas la règle pratique des mœurs ? Avec
leur langue précise, concise, frappant des formules
comme des médailles, les moralistes et les poètes de
Rome ont parlé pour tous les hommes et pour tous
les siècles. Ils ont jeté les plis de la toge sur des
maximes d'action et d'endurance qu'il faut recevoir
d'eux sous ce vêtement. Aucune éducation esthé-
tique ou littéraire ne tient lieu de celle que donne
la sagesse romaine. Aussi n'ai-je pas seulement
enseigné ici les rudiments d'une langue ; j'ai
tenté, en choisissant mes exemples, d'insinuer dans
l'âme de la jeunesse studieuse quelque chose de la
plus grande école de vertu qui fut jamais*

S. R.

LETTRE PREMIÈRE

On vous a dit, ma chère Cornélie, que le latin est beaucoup plus facile que le grec. Cela est vrai, et par plusieurs raisons :

1°. Le latin s'écrit avec les mêmes caractères que le français ;

2°. Il n'a pas de dialectes, étant lui-même un dialecte de la grande famille des langues italiques, dont les autres dialectes, comme l'ombrien et l'osque, ne sont connus que par des inscriptions ;

3°. Son vocabulaire est beaucoup moins riche que celui du grec, surtout en mots composés ;

4°. Ce vocabulaire est l'ancêtre du nôtre, à tel point que les trois quarts des mots français ressemblent aux mots latins dont ils dérivent ;

5°. Enfin, la littérature latine ne commence guère qu'en l'an 200 a.J.C., avec Plaute le Comique, pour briller d'un dernier éclat, avec le poète Claudien, vers l'an 400 ; cela fait six siècles, tandis qu'il s'en est écoulé dix entre Homère et Plutarque, qui n'est pas le dernier en date des bons auteurs grecs. Il est vrai qu'on n'a jamais cessé d'écrire et de parler le latin, qui a été la langue internationale des savants et reste celle de

B   1

l'Église romaine ; mais à la suite des invasions
barbares dans l'Occident de l'Europe au Ve siècle,
le latin a disparu bientôt comme langue du peuple ;
dans l'Empire romain d'Occident, là où il n'a pas
été remplacé par les langues des conquérants ger-
maniques (comme dans l'ouest et le sud de l'Alle-
magne et en Angleterre), il a donné naissance, en
se transformant, aux langues romanes, dont le
français, l'italien, l'espagnol, le portugais et le
roumain sont, à l'heure actuelle, les représentants.
Quand une langue n'est plus parlée par le peuple,
elle a cessé de vivre ; le fait qu'elle reste la langue
d'une élite n'empêche pas qu'elle soit morte.

"Puisque le latin est facile, m'écrivez-vous,
je désire que vous m'en fassiez connaître les
règles principales afin que je puisse bientôt lire
Virgile à livre ouvert." Sans vouloir vous dé-
courager, ma chère Cornélie, il faut que je vous
mette sérieusement en garde. Si beaucoup d'élèves
font si peu de progrès dans l'étude du latin, cela
vient précisément de ce qu'ils en méconnaissent la
difficulté. Alors que celle du grec tient surtout
à son excès de richesse, celle du latin est une
conséquence de sa pauvreté. Le latin n'a pas
d'article, il sous-entend très souvent les pronoms,
il cherche la brièveté, il use beaucoup de formules,
de locutions qu'il faut connaître et dont on ne

peut deviner le sens. Surtout il emploie les mêmes
mots—les petits mots, en particulier—avec des
significations très différentes, ce qui est pour nous
une source continuelle d'erreurs. La ressemblance
des mots latins avec les nôtres est souvent trom-
peuse ; on croit trop vite avoir compris, et l'on
comprend de travers. En présence d'un texte
latin à traduire, tous les élèves savent qu'ils doivent
"faire le mot à mot," c'est-à-dire trouver la construction grammaticale de la phrase et la ramener
à la construction française équivalente ; mais si le
sens propre des termes leur échappe, ils ne parvien-
dront pas à découvrir celui de l'ensemble. Pour
faire une version latine convenable, Cornélie, il ne
suffit pas de savoir la grammaire et de feuilleter
avec conscience un lexique : *il faut savoir du latin.*

Il n'y a qu'un seul moyen de savoir du latin :
c'est d'en apprendre. Avant même d'avoir vu toute
la grammaire, il faut orner sa mémoire de phrases
latines choisies, en prose et en vers. Je vous en
citerai dans chacune de mes lettres et je compte
que vous les retiendrez fidèlement. Il importe
peu que vous répétiez ces phrases avant d'être en
état de les expliquer grammaticalement : n'avez-
vous pas procédé de même pour l'étude de votre
langue maternelle ? C'est aussi par de courtes
phrases, et non par des règles, que je vous

B 2

enseignerai la syntaxe. Pourquoi apprendre par
cœur des règles? Il vaut bien mieux apprendre
des exemples, savoir les réciter sans broncher quand
on vous en propose la traduction française. Une
règle est toujours assez connue lorsque l'exemple
qui en résume l'enseignement est présent à la
mémoire. Moi-même je lis couramment le latin
et je l'écris avec facilité ; croyez-vous que je sache
par cœur les règles? Non, mais je me rappelle les
exemples que j'ai appris à l'école et d'autres qu'y
ont ajoutés mes lectures ; c'est à la lumière de ces
phrases-types, si je puis dire, que je comprends
les auteurs latins ou que je les imite. Vous me
direz que vous ne songez pas à écrire en latin ;
d'accord ; mais quand vous serez assez exercée pour
bien traduire, vous aurez acquis sans vous en
douter, et sans avoir pâli sur des *thèmes*, le savoir
nécessaire pour écrire correctement, si le cœur vous
en dit, rien qu'en faisant appel à vos souvenirs.

Les Grecs, nos maîtres, avaient raison de croire
que Mnémosyne, la mémoire personnifiée, est la
mère des neuf Muses. La mémoire seule, sans le
jugement et la réflexion, ne suffit à rien, mais elle
est indispensable à tout ; ceux qui disent qu'ils
n'ont pas de mémoire sont des paresseux qui se
trompent eux-mêmes, car comment auraient-ils
pu, sans mémoire, apprendre le riche vocabulaire
de la langue qu'ils parlent? Il y a des mémoires

exceptionnellement douées, mais tout individu normal en a reçu sa part et il ne dépend que de lui d'en profiter.

Les vers sont plus faciles à retenir que la prose, à condition qu'on en saisisse la mesure. Je vais donc employer la fin de cette première lettre à vous donner des notions élémentaires à ce sujet.

* * *

Dans un vers français, on compte les syllabes ; vous savez que le vers de la tragédie classique, dit *alexandrin*, en a douze. En latin, le nombre des syllabes importe peu ; on compte par *pieds*, c'est-à-dire par unités de durée. Cela n'est pas encore clair, mais vous allez comprendre à l'instant.

Voici un vers d'Ovide dit *hexamètre* (du grec *hex*, " six " et *metron*, " mesure ") :

Donec eris felix, multos numerabis amicos.

Traduisons d'abord : *Donec*, tant que ; *eris*, tu seras ; *felix*, heureux (d'où *félicité*) ; *numerabis*, tu compteras, tu nombreras ; *multos*, (de) nombreux (d'où *multitude*) ; *amicos*, amis.

" Tant que tu seras heureux, tu compteras de nombreux amis."

Ce vers se compose de six pieds, c'est-à-dire de six groupes de syllabes longues et brèves dont

chacun équivaut à deux longues. Une syllabe
longue est l'équivalent d'une *noire* en musique ;
une syllabe brève est l'équivalent d'une *croche*.
En français, toutes les syllabes se prononcent à
peu près également vite ; mais en latin, comme en
grec, une syllabe est toujours longue ou brève.
Ainsi *Roma*, Rome, se prononce *Rŏmă*, le signe ‿
marquant la longue et le signe ‿ la brève ; *canis*,
"chien," se prononce *cănĭs*, parce que les deux
syllabes de ce mot sont brèves ; *cernere*, "voir," se
prononce *cērnĕrĕ*, parce que la première syllabe est
longue et les deux autres brèves ; *audax*, "auda-
cieux," se prononce *aūdāx*, parce que les deux
syllabes de ce mot sont longues.   C'est bien compris ?   Revenons à notre vers.

Voici comment il se divise en six pieds :

Dōnĕc ĕ|rĭs fē|lĭx, mūl|tōs nŭmĕ|rābĭs ă|mīcōs.

Vous voyez que le premier pied se compose d'une
longue et de deux brèves, ce qui équivaut à deux
longues ; le second et le troisième, de deux longues
chacun ; le quatrième et le cinquième, d'une longue
et de deux brèves ; le sixième de deux longues.
Ces pieds sont donc *égaux*, en ce sens qu'on met
le même nombre de fractions de seconde à prononcer chacun d'eux.

Sachez qu'une longue suivie de deux brèves
s'appelle un *dactyle* (du grec *dactylos*, doigt) et

qu'une longue suivie d'une autre longue forme un *spondée* (du grec *spondè*, libation, parce que la gravité du spondée convenait aux chants religieux qui accompagnaient certaines offrandes). *Cernere* est un dactyle, *audax* est un spondée. Ainsi l'hexamètre cité comprend un dactyle, deux spondées, deux dactyles et un spondée pour finir.

À côté du dactyle ‿ ⌣ ⌣ et du spondée ‿ ‿, il faut connaître les noms de deux autres pieds : le *trochée* ‿ ⌣ (du grec *trékhô*, "je cours") et l'*iambe* ⌣ ‿ (du grec *iaptô*, "je jette.") *Mĭtĭs* (doux, d'où *mitiger*) est un trochée, *fĕrox* est un iambe.

Comment savoir qu'une syllabe d'un mot latin est longue ou brève, puisque nous prononçons le latin *à la française*, c'est-à-dire sans marquer la *quantité?* Il y a pour cela des règles, dites de *prosodie*, que je ne vous enseignerai pas ; je vous dirai seulement l'essentiel, sans tenir compte des exceptions qui sont nombreuses. Toute syllabe où une voyelle est suivie de deux consonnes est longue, même si la seconde consonne commence le mot suivant ; toute syllabe où il y a deux voyelles ──comme *au* dans *audax*──est longue aussi. La *quantité* des syllabes finales des substantifs et des adjectifs peut varier suivant le *cas* auquel le mot est employé : ainsi *rŏsă*, "la rose," se compose de deux brèves, tandis que *rŏsā* "par la rose" se compose d'une brève et d'une longue. La dernière syllabe d'un vers est toujours considérée comme longue, parce que la voix s'y arrête un peu ; on la marque du signe ⏝ et on la qualifie de "commune." Il y a des syllabes "communes," c'est-à-dire longues et brèves à volonté, dans beaucoup de mots latins : ainsi l'on trouve également *tĕnĕbrae* et *tĕnēbrae* (ténèbres) ; on écrira donc *tĕnĕbrae*.

Lire un vers en y distinguant les longues, les brèves et les pieds qu'elles forment, s'appelle le *scander*. Ceux qui scandent à vue d'œil les vers latins ont généralement oublié les règles de la prosodie ; ils ont seulement logé dans leur mémoire un nombre de vers suffisant pour qu'ils puissent presque toujours, à défaut de règles, citer des exemples. Vous trouverez des milliers de vers latins, surtout des hexamètres, scandés dans le *Thesaurus poeticus* de Quicherat ; mais il suffit d'en avoir retenu cinq cents pour être rarement embarrassé.

Vous avez vu que l'hexamètre ou vers de six pieds se compose de six spondées ou dactyles. Mais il ne se compose jamais *uniquement* de spondées ou de dactyles ; il faut *toujours* que l'avant-dernier pied soit un dactyle et le dernier un spondée. Par un motif qui nous échappe, cela est indispensable à l'euphonie.

Quand, dans un vers, un mot se terminant par

une voyelle ou par un *m* se trouve placé devant
un mot commençant par une voyelle, la syllabe
terminée par une voyelle ou par un *m* s'élide, c'est-
à-dire qu'elle ne compte pas ; on la prononce à
mi-voix, comme à la dérobée. Je cite comme
exemple un vers de Virgile, où l'on rencontre à la
fois les deux espèces d'élision :

*Vēstrum hōc | aūgŭrĭ|ŭm vēs|trōque ĭn | nŭmĭnĕ |
    Trōja ēst.*[1]

Hoc augurium, cet augure ; *vestrum,* (est) vôtre ; *que,* et ;
Troja est, Troie est ; *in,* dans ; *vestro numine,* votre puissance.

"Cet augure est pour vous et Troie est sous
votre protection."

Vous voyez que *vestrum hoc,* [*ves*]*troque in* et
Troja est se réduisent (par l'élision de *rum,* de *que*
et de *ja*) à deux longues.

Les poètes latins ont écrit de longs poèmes tout
en hexamètres, comme l'*Énéide* de Virgile et les
Métamorphoses d'Ovide. Mais l'hexamètre peut
aussi alterner avec un vers plus court qu'on appelle *pentamètre* (du grec *pente,* cinq, et *metron,*
mesure), parce qu'il a deux demi-pieds de
moins que l'hexamètre. La réunion d'un hexamètre et d'un pentamètre forme ce qu'on appelle

[1] Virgile, *Énéide,* ii. 703.

un distique (du grec *dis* et *stichos*, "double ligne "). Tibulle, Properce, Ovide ont écrit de beaux poèmes en distiques. Voici un distique d'Ovide dont vous connaissez déjà le premier vers :

Dōnĕc ĕrĭs fēlīx, mūltōs nŭmĕrābĭs ămīcōs ;
  Tēmpŏră | sī fŭĕ|rĭnt | nūbĭlă, | sōlŭs ĕ|rĭs.[1]

Si tempora, si les temps ; *fuerint*, seront devenus ; *nubila*, nuageux ; *eris solus*, tu seras seul.

" Heureux, tu compteras des amitiés sans nombre ;
  Mais tu resteras seul si le temps devient sombre."

Le second vers, que l'on écrit en retrait sur la droite, est un pentamètre. En réalité, il a six pieds comme l'hexamètre, mais avec cette différence qu'il y a un *silence*, c'est-à-dire un arrêt de la voix équivalent à une longue, au milieu et à la fin du vers :

Tēmpŏră | sī fŭĕ|rĭnt — | nūbĭlă | sōlŭs ĕ|rĭs —

La première et la seconde moitié du pentamètre se composent donc chacune de deux pieds et demi ; mais il faut noter que, *dans la seconde moitié de ce vers*, les deux pieds entiers sont toujours des dactyles. C'est là encore une exigence de l'euphonie.

Le pentamètre accompagne toujours l'hexamètre ; l'oreille ne tolèrerait pas la succession de

[1] Ovide, *Tristes*, i. 9, 5-6.

plusieurs pentamètres, mais elle trouve beaucoup
de charme à écouter un distique. Si vous ne
l'éprouvez pas encore, cela viendra bientôt.

Il y a d'autres espèces de vers que l'hexamètre
et le pentamètre. Les comédies de Plaute et de
Térence, les fables de Phèdre, les odes d'Horace,
les tragédies de Sénèque sont écrites dans des
mètres différents, dont les règles sont beaucoup
plus compliquées ; je veux vous citer comme exemple, avant de finir, un beau vers *iambique* d'une
tragédie de Sénèque, *Hercule furieux :*

Nōn ēst | *ăd ūs*|*tră mŏl*|*lĭs ē* | *tērrĭs* | *vĭă.*

E terris, depuis les terres (la terre) ; *ad astra,* jusqu'aux
astres ; *via mollis,* une voie molle (douce) ; *non est,* n'est
pas. On peut traduire librement par ce vers français :

" Aucun chemin de fleurs ne conduit à la gloire."

Notez que le vers iambique comprend six pieds ;
les pieds pairs, 2, 4 et 6 sont *nécessairement* des
iambes ; ce sont eux qui donnent sa couleur au vers.

Les Romains terminaient généralement leurs
lettres par une de ces deux formules : *Vale.* qui
signifie : " porte-toi bien " — tout le monde se
tutoyait à Rome — ou : *Vale et me ama,* " porte-
toi bien et aime-moi." Permettez-moi de choisir
la seconde, si je ne vous ai pas trop ennuyée.

S. R.

POST-SCRIPTUM

J'allais oublier de vous parler de la prononciation du latin ! Voici, en peu de mots, ce que vous devez savoir.

En France, depuis des siècles, on prononce le latin comme si c'était du français, avec trois réserves importantes : 1º Il n'y a pas d'*e* muet, seulement des *é*. 2º Les finales *m* et *n* n'ont jamais le son sourd ; ainsi *en* (voici), *jam* (déjà) se prononcent *enn*, *jamm*, et non comme le français *camp*, *pan*. 3º Toutes les autres consonnes finales se prononcent ; ainsi *petit* (il demande) se lit *pétitt* ; *tempus* (temps) se lit *tempuss*. Nous prononçons de même les mots latins francisés comme *omnibus* (voiture "à tous"), *rebus* (explication ou expression d'idées "par les choses").

Vous pouvez vous en tenir à ces règles, qui permettent parfaitement de sentir l'harmonie de la prose et des vers latins, ou le manque d'harmonie, quand elle fait défaut ; mais il faut savoir que *la prononciation des Romains était toute différente de la nôtre*.

1º Ils n'assourdissaient jamais *m* et *n*, même dans le corps des mots ; *monumentum* se lisait *monoumenntoumm*.

2º Ils ne connaissaient pas le son français *u*, mais prononçaient *ou* : ainsi *tempus* se lisait *tempouss*.

3º Ils prononçaient le *c*, suivi d'une voyelle, comme notre *k* : ainsi César s'appelait *Kaesar*, d'où les Germains ont tiré leur mot *Kaiser* ; Cicéron s'appelait *Kikero*. Dans les mots comme *concio* (assemblée), qu'on écrit mieux *contio*, le *c* suivi de deux voyelles se prononçait comme le *t* dans *nation*.

4º Ils distinguaient la quantité des voyelles ; ainsi dans

12

quŏque (aussi), l'*o* avait'le son du français *coq* ; dans *pŏmum* (pomme), il se prononçait comme dans *même*.

5° Mais surtout ils mettaient l'accent, c'est-à-dire qu'ils élevaient la voix sur une syllabe dans chaque mot qui en comptait plusieurs. Un mot de deux syllabes est toujours accentué sur la première : *témpus*. Si un mot a trois syllabes ou davantage, l'accent porte sur l'avant-dernière quand elle est longue : *Románus* ; il porte sur la précédente si l'avant-dernière est brève : *Cícěro*. La quantité de la dernière syllabe n'a pas d'influence sur la position de l'accent. Vous voyez que, pour accentuer correctement, il faut savoir la quantité ; les Romains n'avaient pas besoin de l'apprendre.

En lisant le latin comme si c'était du français, nous insistons toujours un peu sur les syllabes finales : *tempús*, *Romanús*. Les Romains auraient trouvé cela barbare ; mais comme nous n'apprenons. pas le latin pour le parler et que les étrangers le prononcent aussi mal que nous, à leur manière, je ne vois pas grand inconvénient à conserver la prononciation française usuelle. Mieux vaut faire abstraction de l'accent et de la quantité que de les marquer de travers.

J'ajoute ceci, que vous comprendrez sans peine si vous savez une langue accentuée, anglais, allemand ou italien. Les modernes, quand ils *accentuent* une syllabe, *appuient* sur elle, alors que les anciens, comme vous l'avez vu, accentuaient des syllabes qui restaient brèves : *Cícero*. Nous ne savons pas trop comment ils s'y prenaient et pouvons nous abstenir de le rechercher.

DEUXIÈME LETTRE

Ma chère Cornélie,

Je dois vous avertir d'abord que les substantifs latins prennent différentes formes suivant les rapports qu'ils expriment, c'est-à-dire aux différents *cas* (de *casus*, signifiant *chute* ou *fin*) du singulier et du pluriel. Ainsi "Paul" se dit *Paulus* et "Pierre" se dit *Petrus*; mais "Paul aime Pierre" se dit *Paulus amat Petrum*, phrase où *Petrum*, complément direct du verbe *amat*, est ce qu'on appelle l'*accusatif* de *Petrus*.

De cette différence essentielle entre le français et le latin — comme toutes les langues romanes, le français a perdu les *cas* — en découle une autre qu'il faut vous signaler avec insistance. Puisque la forme des noms latins explique leur rôle dans la phrase, l'*ordre des mots* peut être plus libre qu'en français, sans préjudice de la clarté. Ainsi l'on dit également bien *Paulus amat Petrum* et *Petrum amat Paulus*, alors qu'en français "Paul aime Pierre" et "Pierre aime Paul" expriment des idées très différentes. Cette liberté de la construction latine est plus grande encore dans la poésie

14

qu'en prose. Je prends comme exemple ce bel hexamètre de Lucain, qui résume avec force et concision les maximes morales de Caton d'Utique :

Nōn sĭbĭ, sēd tōtĭ gĕnĭtŭm sē crēdĕrĕ mŭndō.[1]

Mot à mot : " *Credere se*, croire soi ; *genitum*, né ; *non sibi*, non pour soi ; *sed mundo toti*, mais pour le monde tout entier,"—c'est-à-dire : "Se croire né, non pour soi-même, mais pour le monde entier."

Voilà, Cornélie, un joyau de la sagesse antique ; serrez-le précieusement dans votre écrin, je veux dire votre mémoire.

* * *

Abordons maintenant la déclinaison des substantifs. Je vous ai dit que le latin n'a pas d'article : *panis* signifie à la fois *le pain, un pain, et du pain.*

En français, le substantif ne change de forme qu'au pluriel ; quelques substantifs ont aussi une forme spéciale pour le féminin (*chasseur, chasseresse*). Les relations du substantif avec ce qui précède ou ce qui suit sont indiquées par des prépositions ou par l'ordre des mots (*je dis à Paul, j'aime Paul*). En latin, ces relations sont marquées par un changement de la terminaison ; ces

[1] Lucain, *Pharsale*, ii. 383.

différentes manières de finir un nom sont dites *cas* et leur ensemble constitue la *déclinaison*.

Il y a en latin six cas : le *nominatif*, le *vocatif*, le *génitif*, le *datif*, l'*accusatif* et l'*ablatif* (formule mnémonique des initiales : *nugdaa*) : *Paul* (sujet), *Paul!* *de Paul, à Paul, Paul* (complément direct), *de* ou *par Paul*.

Il y a cinq déclinaisons, qui se distinguent par le génitif singulier, indiqué dans tous les dictionnaires. Pour les connaître, il suffit de retenir la déclinaison des *onze* mots suivants : *rosa* (rose), *dominus* (maître), *puer* (enfant), *templum* (temple), *labor* (travail), *avis* (oiseau), *corpus* (corps), *cubile* (lit), *manus* (main), *cornu* (corne), *dies* (jour).

Il y a trois *genres*. le masculin, le féminin et le neutre, indiqués pour chaque mot dans les dictionnaires. Les noms d'hommes, de peuples, de fleuves sont du masculin ; les noms de femmes et d'arbres, du féminin. Les noms d'animaux sont masculins ou féminins. Les mots indéclinables, comme *fas*, la loi divine, *nefas*, le péché, sont du neutre.

Le nominatif et le vocatif aux deux nombres sont toujours semblables, sauf au singulier des noms comme *dominus* ; il est donc inutile de vous indiquer la forme de ce cas. La nominatif et l'accusatif sont identiques dans les noms neutres ; le datif et l'ablatif pluriel sont toujours identiques.

PREMIÈRE DÉCLINAISON.

Cette déclinaison a le génitif singulier en *æ* (prononcez *é*) ; elle ne comprend que des noms féminins, excepté ceux qui désignent des hommes par leur profession (*poeta,* poète ; *nauta,* marin ; *agricola,* agriculteur).

SINGULIER.

Nom. Voc.	Ros-ă (*féminin*)	*La Rose*
Gén.	Ros-ae	*De la Rose*
Dat.	Ros-ae	*À la Rose*
Acc.	Ros-am	*La Rose*
Abl.	Ros-ā (*on écrit aussi* Ros-â)	*De la Rose* ou *par la Rose*

PLURIEL.

Nom. Voc.	Ros-ae	*Les Roses*
Gén.	Ros-arum	*Des Roses*
Dat.	Ros-is	*Aux Roses*
Acc.	Ros-as	*Les Roses*
Abl.	Ros-is	*Des Roses* ou *par les Roses*

Maintenant que vous connaissez l'ordre des cas et leurs équivalents français, je pourrai abréger en vous enseignant les autres déclinaisons.

C

DEUXIÈME DÉCLINAISON.

Elle a le génitif singulier en *i* et comprend des noms masculins et féminins en *us* (type *dominus*), des masculins en *er* et en *ir* (type *puer*) et des neutres en *um* (type *templum*).

Le vocatif singulier des noms en *us* se termine en *e* ; il n'est donc *pas* identique au nominatif.

I. Singulier : *Domin-ŭs* (le maître), *domin-ĕ !* *domin-i, domin-o, domin-um, domin-o.*

Pluriel : *Domin-i, domin-orum, domin-is, domin-os, domin-is.*

II. Singulier : *Puer* (l'enfant), *puer-i, puer-o, puer-um, puer-o.*

Pluriel : *Puer-i, puer-orum, puer-is, puer-os, puer-is.*

III. Singulier : *Templ-um* (le temple), *templ-i, templ-o, templ-um, templ-o.*

Pluriel : *Templ-a, templ-orum, templ-is, templ-a, templ-is.*

Il y a quelques observations à faire. D'abord, trois mots en *us* de la deuxième déclinaison sont du neutre et ont l'accusatif singulier identique au nominatif (ces noms ne sont pas usités au pluriel) : ce sont *vulgus* (le peuple), *virus* (le poison) et *pelagus* (la haute mer). *Odi profanum vulgus*, dit Horace ;[1] ce qui signifie : "Je hais le vulgaire profane." L'accusatif *vulgum* n'existe pas en bon latin, bien que les journalistes parlent souvent du *vulgum pecus*, ce qui signifierait, à les en croire, "le vulgaire troupeau." C'est un barbarisme ; mais les journalistes ont parfois oublié le latin.

En second lieu, beaucoup de noms en *er* rejettent l'*e* aux cas autres que le nominatif et le vocatif singulier : ainsi *magister*, maître, fait *magistri*, *magistro*, *magistrum*, et, au pluriel, *magistri*, *magistrorum*, *magistris*, *magistros*.

Le mot *vir*, homme (en particulier *homme de cœur*, d'où le précepte : *Vir esto!* sois un homme !) fait au génitif pluriel *virûm* ou *virorum*. Ces contractions d'*orum* en *um* sont fréquentes en poésie. Virgile apostrophe ainsi l'Italie :

Salve, magna parens frugum, Saturnia tellus,
Magna virûm! . . .[2]

c'est-à-dire : "Salut, grande mère de fruits, Saturnienne terre, grande (mère) d'hommes !"

[1] Horace, *Odes*, iii. i, 1.
[2] Virgile, *Géorgiques*, ii. 173.

O 2

En français : "Salut, terre de Saturne, grande mère de moissons, grande mère d'hommes de cœur ! "

TROISIÈME DÉCLINAISON.

Le génitif singulier est en *is,* le génitif pluriel en *um* ou en *ium.* En général, les noms dits "impairs," qui ont au génitif une syllabe de plus qu'au nominatif (comme *labor,* gén. *laboris,* travail) ont le génitif pluriel en *um ;* les noms "pairs" (comme *avis,* gén. *avis*) ont le génitif en *ium.*

> I. SINGULIER : *Labor* (le travail), *labor-is,*
> *labor-i, labor-em, labor-e.*
> PLURIEL *Labor-es, labor-um, labor-ibus,*
> *labor-es, labor-ibus.*

Tous les noms en *or* sont masculins, excepté *arbor, soror, uxor* (arbre, sœur, épouse), qui sont féminins, et *marmor, cor* (gén. *cordis*), *aequor* (marbre, cœur, mer) qui sont du neutre, ont l'accusatif singulier en *-or* et font au pluriel *marmora, corda, aequora.*

Sept noms qui ne sont pas impairs ont pourtant le génitif en *um :* ce sont *pater, mater, frater* (père, mère, frère) ; *juvenis, senex* (jeune homme, vieillard) ; *canis, volucris* (chien, oiseau).

Le génitif singulier est donné par les lexiques ; il est le modèle sur lequel se forment les autres cas. Ainsi *cor* (neutre), faisant au génitif *cordis*, fera au datif *cordi*, au nom. pluriel *corda*. On dit : *Sursum corda!* "Haut les cœurs !"

II. SINGULIER : *Av-is* (l'oiseau), *av-is, av-i, av-em, av-e*.
PLURIEL : *Av-es, av-ium, av-ibus, av-es, av-ibus*.

Avis est féminin ; mais d'autres noms qui se déclinent de même sont masculins, comme *collis* (colline), *ensis* (épée).

La troisième déclinaison comprend encore des noms neutres, les uns "impairs," les autres "pairs," dont le nominatif et l'accusatif pluriel se terminent en *a*. Les noms neutres en *e, al, ar* prennent à ces cas la terminaison *ia* et font l'ablatif singulier en *i*.

III. SINGULIER : *Corp-us* (le corps), *corp-oris, corp-ori, corp-us, corp-ore*.
PLURIEL : *Corp-ora, corp-orum, corp-oribus, corp-ora, corp-oribus*.

Comme c'est un nom " impair," le génitif pluriel est en *um*, non en *ium*.

IV. SINGULIER : *Cubil-e* (le lit), *cubil-is, cubil-i,
cubil-e, cubil-i.*
PLURIEL : *Cubil-ia, cubil-ium, cubil-ibus,
cubil-ia, cubil-ibus.*

Ce nom étant "pair," le génitif pluriel est en
ium.

QUATRIÈME DÉCLINAISON.

Elle a le génitif singulier en *ūs* et comprend,
outre des noms masculins et féminins, quelques
noms neutres, indéclinables au singulier.

I. SINGULIER : *Man-ŭs* (fém., la main), *man-ī.s,
man-ui, man-um, man-u.*
PLURIEL : *Man-ūs, man-uum, man-ibus,
man-us, man-ibus.*

Virgile montre Dédale essayant de ciseler en
or la chute de son fils Icare, mais la douleur
paralyse son génie : *Ter patriae cecidere manus,*[1]
mot à mot : " *Trois fois les mains paternelles
tombèrent,*" c'est-à-dire : " *Trois fois ses mains de
père retombèrent impuissantes.*"

[1] Virgile, *Énéide*, vi. 33.

Les noms neutres de la quatrième déclinaison ne se déclinent qu'au pluriel :

II. *Corn-ua* (pluriel de *corn-u*, la corne), *corn-uum*, *corn-ibus*, *corn-ua*, *corn-ibus*.

CINQUIÈME DÉCLINAISON.

Le génitif singulier est en *ei*. Ces noms en *es* sont tous du féminin, excepté *dies* qui est aussi du masculin.

    I. Singulier : *Di-ēs* (le jour), *di-ēi, di-ei, di-em, di-ē.*
    Pluriel : *Di-ēs, di-erum, di-ebus, di-es, di-ebus.*

Il me reste à vous signaler certaines irrégularités.

Quelques noms féminins en *a* ont le datif et l'ablatif pluriel en *abus* (forme du latin archaïque) ; ainsi *filiabus* (aux filles), *deabus* (aux déesses).

Deus fait au nominatif et au vocatif pluriel *Dii* ou *Di*. *Di melius!* (sous-entendu *decernant*), c'est-à-dire : "Que les dieux décident mieux!" "que les dieux détournent de nous ce malheur!"

Filius et quelques autres noms en *ius* ont le vocatif singulier en *i : fili*, mon fils!

Quelques noms en *is* de la troisième déclinaison ont l'accusatif singulier en *im*, l'ablatif en *i* : *sitim*, *siti* (de *sitis*, la soif).

Bos, bœuf, génitif *bovis*, fait au pluriel *bŏŭm* (gén.), *bobus* (datif et ablatif).

Quelques noms en *er* dérivés du grec ont l'accusatif singulier en *a* et non en *em* : *aëra*, *aethera* (l'air, l'éther). Ils sont inusités au pluriel.

Domus, la maison, se décline ainsi :

SINGULIER : *Domŭs, domūs, domui, domum, domo.*
PLURIEL :   *Domūs, domuum* ou *domorum, dom-
        ibus, domos, domibus.*

Vous voyez que ce substantif très usité se décline en partie sur *dominus*, en partie sur *manus*. *Domi*, peu employé comme génitif, l'est souvent comme adverbe, dans le sens de *à la maison*. "Le père est-il à la maison ?" se dirait : *Estne domi pater ?*

La déclinaison des noms composés obéit à des règles très simples :

1°. Si le nom est composé de deux nominatifs, on les décline l'un et l'autre : *respublica* (république), accusatif *rempublicam*, ablatif *republicā*.

2°. Si le nom est composé d'un nominatif et d'un autre cas, le nominatif se décline seul : *pater-familias* (père de famille, vieille forme de *pater-*

familiae, qui n'est pas usité), gén. *patrisfamilias,* acc. *patremfamilias.*

Enfin, je vous avertis que certains mots latins empruntés au grec se déclinent comme les mots grecs correspondants ; ainsi *heros* (héros) fait à l'accusatif pluriel *heroas ; poema* (poème) fait à l'accusatif pluriel *poemata.*

* * *

Voici un tableau d'ensemble des déclinaisons :

I.   *Ros-a, ae, ae, am, ā.—Ros-ae, arum, is, as, is,*
II. (1) *Domin-us, e ! i, o, um, o.—Domin-i, orum, is, os, is.*
    (2) *Puer, puer-i, o, um, o.—Puer-i, orum, is, os, is.*
    (3) *Templ-um, i, o, um, o.—Templ-a, orum, is, a, is.*
III. (1) *Lab-or, is, i, em, e.—Labor-es, um, ibus, es, ibus.*
    (2) *Av-is, is, i, em, e.—Av-es, ium, ibus, es, ibus.*
    (3) *Corp-us, oris, ori, us, ore.—Corpor-a, um, ibus, a, ibus.*
    (4) *Cubil-e, is, i, e, i.—Cubil-ia, ium, ibus, ia, ibus.*
IV. *Man-us, us, ui, um, u.—Man-us, uum, ibus, us, ibus.*
V.   *Di-es, ei, ei, em, e.—Di-es, erum, ebus, es, ebus.*

Comme vous voyez, ce n'est vraiment pas bien difficile.

Je termine par un hexamètre de Virgile qui est

de circonstance, car il est l'équivalent poli du français : " En voilà assez ! "

Claŭdĭtĕ jām rĭvōs, pŭĕrĭ, sāt prātă bĭbērūnt.[2]

Mot à mot : *"Fermez déjà (à présent) les ruisseaux (canaux d'irrigation), enfants ; assez les prés ont bu."*— En français : "Fermez les rigoles, enfants ; les prairies ont assez bu."

Vous reconnaissez dans *rivos* l'acc. plur. de *rivus* (2ème déclinaison) ; dans *pueri* le vocatif plur. de *puer* (même déclinaison) ; dans *prata* le nominatif plur. de *pratum* (même déclinaison).

Comme les prés de votre mémoire ont assez bu, je les laisse s'imprégner de ces eaux bienfaisantes et vous dis bonsoir.

S. R.

---

[2] Virgile, *Bucoliques*, iii. 111.

TROISIÈME LETTRE

Ma chère Cornélie,

Je ne pense pas que vous soyez jamais embarrassée par la rencontre d'adjectifs latins, car ils se déclinent comme les substantifs, et s'accordent avec eux. Pourtant, je vais entrer dans quelques détails, ne fût-ce que pour vous apprendre des mots nouveaux.

Les adjectifs suivent la première, la seconde ou la troisième déclinaison. Les uns ont trois terminaisons au nominatif, une pour chaque genre (*bonus*, bon, *bona*, *bonum* ; *pulcher*, beau, *pulchra*, *pulchrum*) ; d'autres n'en ont que deux, dont la première (*is*), sert pour le masculin et le féminin, la seconde (*e*) pour le neutre (*levis*, léger *ou* légère, neutre *leve*) ; d'autres enfin n'ont au singulier qu'une terminaison pour les trois genres (*felix*, heureux).

Les adjectifs en *er, a, um* perdent en général l'*e* au génitif comme *magister ;* les exceptions les plus importantes sont *asper* (dur), *liber* (libre), *miser* (malheureux), *tener* (tendre), et les composés

27

de *fero* et de *gero*, comme *frugifer* (fécond), *armi-ger* (qui porte des armes). Ainsi *sacer*, sacré, fait au génitif *sacri*, tandis que *miser* fait *miseri*. Le poète Stace, parlant d'un autel (*ara*) de la Clémence, dit que les malheureux l'ont rendu sacré : *miseri fecere sacram.*

Les adjectifs en *is, e* se déclinent comme *avis* et *cubile*, avec cette réserve que les adjectifs en *is* ont l'ablatif singulier en *i* et non en *e*.

Quant aux adjectifs en *er, is, e*, la déclinaison en est identique à celle de *levis*, sauf que le nominatif et le vocatif masculin sont en *er*. Rappelez-vous cet hexamètre de Virgile :

Par levibus ventis volucrique simillima somno.[1]

"Pareille aux légers vents et à l'ailé très semblable sommeil," en français : "Pareille aux vents légers et très semblable au sommeil ailé." *Volucri* est le datif singulier masculin de *volucer*, fém. *volucris*, neutre *volucre*. Ovide parle d'une flèche ailée, *volucris arundo*. *Simillima* est le superlatif féminin d'un adjectif en *is, e*, signifiant semblable, *similis* (d'où *similitude*).

Les adjectifs ayant une seule terminaison pour les trois genres se terminent tous par *s*, *x*, *l* ou *r*, par exemple *sapiens* (sage), *felix* (heureux), *vigil* (vigilant), *par* (égal).

[1] Virgile, *Énéide*, ii. 794.

DEGRÉS DE COMPARAISON.

Il y a deux degrés de comparaison, le *comparatif* et le *superlatif*: *Jacques est plus grand que Paul* (comparatif); *Jacques est le plus grand de ses camarades* (superlatif). En latin, un superlatif comme *maximus* signifie également *le plus grand* et *très grand.*

En règle générale, le comparatif d'un adjectif se forme en ajoutant au génitif *privé de la terminaison* la syllabe *ior* au masculin et au féminin, *ius* au neutre ; le superlatif se forme en y ajoutant *issimus, issima, issimum.* Ainsi *alt-us*, haut, fait au comparatif *altior* et *altius*, au superlatif *altissimus, altissima, altissimum.*

Il y a des exceptions assez nombreuses. Ainsi plusieurs adjectifs en *is*, comme *similis*, ont le superlatif sur le modèle de *simillimus*, dont vous venez de voir un exemple. Tous les adjectifs en *er*, plus *vetus* (ancien, forme archaïque *veter*), ont le superlatif en *errimus*: "le plus beau" se dit *pulcherrimus*; "le plus ancien," *veterrimus.*

Magnus, grand, fait au comparatif *major*, au superlatif *maximus.*

Les adjectifs en *dicus, ficus, volus* forment leur comparatif et leur superlatif comme si le génitif était en *dicentis, ficentis, volentis.* Ainsi le comparatif de *maledicus,* médisant, est *maledicentior* (de *maledicens*), le superlatif *maledicentissimus.* On a de même, de *magnificus,* le comparatif *magnificentior ;* de *benevolus* (bienveillant), le superlatif *benevolentissimus.*

Certains comparatifs et superlatifs très employés servent à exprimer les degrés de comparaison des *positifs* qui leur correspondent *par le sens ;* mais ils n'ont pas plus de rapports avec ces mots que le positif *mauvais,* du latin populaire *malifatius,* et le comparatif *pire,* qui n'est autre que le comparatif latin *pejor.*

Voici ces comparatifs et superlatifs à retenir :

	COMP.		SUPERL.
De *bonus,* bon,	*melior*	et	*optimus.*
De *malus,* mauvais,	*pejor*	et	*pessimus.*
De *parvus,* petit,	*minor*	et	*minimus.*
De *multi,* nombreux,	*plures*	et	*plurimi.*

Certains adjectifs, notamment ceux en *eus* et *ius,* n'ont pas de degrés de comparaison : on dit *magis idoneus,* plus apte, ou *maxime egregius,* très excellent.

Personne n'a mieux décrit qu'Ovide cet état de faiblesse morale où l'on s'écarte du devoir tout en sachant bien ce qu'il exige :

> . . . *Video meliora proboque,*
> *Deteriora sequor* . . .[1]

"Je vois les choses meilleures (neutre) et je (les) approuve, (mais) les pires je (les) suis," c'est-à-dire : "Je vois le bien et je l'approuve, mais je m'attache au mal." *Deterior* est un comparatif de *deter*, "mauvais," qui est inusité au positif.

Beaucoup de dédicaces latines à la divinité suprême, gravées sur des marbres, commencent par les lettres I . O . M. Ces trois lettres signifient I(*ovi*) O(*ptimo*) M(*aximo*), c'est-à-dire " à Jupiter (génitif *Jovis*, d'où notre mot *jovial*) très bon (et) très grand." Le latin supprime souvent le conjonction *et*.

Je vous citerai encore cette petite phrase très profonde de Tacite, qui dit tant de choses en quatre mots : *Corruptissimā republicā plurimae leges*,[2] "très corrompue (étant) la république [ablatif], très nombreuses (sont) les lois," c'est-à-dire : "Dans un État très corrompu, les lois sont très nombreuses " ou " Plus l'État est corrompu, plus il y a de lois."

[1] Ovide, *Métamorphoses*, vii. 20, 21.
[2] Tacite, *Annales*, iii. 27

NOMS DE NOMBRE.

On distingue 1° les *nombres cardinaux*, comme *un, deux, trois ;* 2° les *nombres ordinaux*, comme *premier, second ;* 3° les *nombres distributifs*, comme *un à un, deux à deux.*

Les Romains employaient des chiffres d'un système particulier et fort incommode que vous connaissez sans doute déjà, puisque nous nous en servons encore (par exemple : tome xxii, chapitre xiii). Voici les nombres cardinaux qu'il est indispensable de savoir :

1.	I. *Unus, una, unum.*	20.	XX. *Viginti.*
2.	II. *Duo, duae, duo.*	30.	XXX. *Triginta.*
3.	III. *Tres*(masc. et fém.), *tria.*	40.	XL. *Quadraginta.*
4.	IV. *Quatuor* (indéclinable comme les suivants).	50.	L. *Quinquaginta.*
5.	V. *Quinque.*	60.	LX. *Sexaginta.*
6.	VI. *Sex.*	70.	LXX. *Septuaginta.*
7.	VII. *Septem.*	80.	LXXX. *Octoginta.*
8.	VIII. *Octo.*	90.	XC. *Nonaginta.*
9.	IX. *Novem.*	100.	C. *Centum.*
10.	X. *Decem.*	200.	C.C. *Ducenti, ae, a.*
11.	XI. *Undecim.*		
12.	XII. *Duodecim.*	600.	DC. *Sexcenti, ae, a.*
. . . . . .	1000.	M. *Mille*
15.	XV. *Quindecim.*	2000.	MM. *Duo milia.*

Sexcenti et *mille* ne signifient pas seulement 600 et 1000, mais "un très grand nombre," comme quand nous disons : "j'ai mille ennuis." Un Romain pouvait dire : "J'ai six cents ennuis."

Plusieurs nombres cardinaux se déclinent ; comme on les rencontre à chaque pas dans les auteurs, je vous conseille d'apprendre ces déclinaisons très exactement.

1. *Unus, una, unum ;* génitif *unius* pour les trois genres (et non *uni !*) ; datif *uni* pour les trois genres (et non *uno !*) ; acc. *unum, unam, unum ;* abl. *uno, unā, uno.*

Les mots très usités *solus* (seul), *totus* (tout entier), *nullus* (nul), *ullus* (aucun), *uter* (lequel des deux), *alter* (l'autre), *neuter* (ni l'un ni l'autre) se déclinent comme *unus ;* on a donc les génitifs *nullius, utrius, alterius, neutrius,* les datifs *nulli, utri, alteri, neutri.*

2. *Duo, duae, duo,* génitif *duorum, duarum, duorum* ou *duum,* datif *duobus, duabus, duobus,* accusatif *duo* ou *duos, duas, duo,* ablatif, *duobus, duabus, duobus.* Le mot *ambo,* tous deux, se décline de même : "à tous deux" se dit *ambobus.*

D

3. *Tres* (masc. et fém.), *tria* ; gén. *trium* pour les trois genres ; datif et ablatif *tribus* ; accusatif *tres, tria.*

4. *Milia*, gén. *milium*, dat. et abl. *milibus.* On écrit *mille*, mais *milia* (milliers).

5. *Ducenti, ae, a ; sexcenti, ae, a*, etc., se déclinent régulièrement, mais le génitif est toujours en *um : sexcentum librarum pondus*, le poids de six cents livres (*libra*, unité de poids, valant 327 grammes ; le livre qu'on lit se dit *liber*).

Voici un hexamètre de ma façon où sont réunies deux formes importantes de la déclinaison des nombres cardinaux :

Unius ob meritum veniam concede duobus.

" D'un pour le mérite, la grâce accorde à deux," c'est-à-dire : " Pardonne à deux en faveur d'un seul."

Dans la traduction latine de l'Ancien Testament, appelée Vulgate (*vulgata*, la traduction *accréditée*), on trouve ce mot souvent cité : *Vae soli !* [1] " Malheur à (*celui qui est*) seul ! "

Les Romains de bonne naissance étaient désignés par ce qu'on appelle les trois noms, *tria nomina :*

[1] *Ecclesiastes*, iv. 10.

Marcus (abrégé M.) Tullius Cicero, *Marcus* étant le prénom, *Tullius* le nom et *Cicero* (de *cicer, ciceris,* pois chiche) le surnom

* * *

Passons aux nombres ordinaux, qui sont des adjectifs en *us, a, um,* se déclinant comme *bonus, bona, bonum.*

1. Primus.	8. Octavus.
2. Secundus.	9. Nonus.
3. Tertius.	10. Decimus.
4. Quartus.	20. Vicesimus.
5. Quintus.	30. Tricesimus.
6. Sextus.	100. Centesimus.
7. Septimus.	1000. Millesimus.

Stace a écrit ce commencement d'hexamètre que l'on attribue souvent à Lucrèce : *Primus in orbe deos fecit timor,*[1] c'est-à-dire : *timor primus in orbe fecit deos,* "la crainte la première sur la terre a fait les dieux," "la crainte des mortels a fait naître les dieux."

Pour exprimer que le livre d'un auteur prolixe devient trop gros, Juvénal dit que "la millième page s'élève," *millesima pagina surgit,* et il ajoute plaisamment qu'elle est ruineuse par le papyrus

[1] Stace, *Thébaïde,* iii. 661.

D 2

qu'elle consomme, *multā damnosa papyro*. Papyrus, mot grec, est féminin.[1]

Les nombres ordinaux ou leurs dérivés en *ius* ont souvent été employés comme noms propres à Rome : par exemple *Quintus Curtius*, l'historien d'Alexandre le Grand, que nous appelons Quinte Curce ; *Sextus Pompeius*, le fils de Pompée ; *Septimius* (et non *Septimus*) *Severus*, l'empereur que nous appelons Septime Sévère ; *Caius Octavius* (et non *Octavus*) *Augustus*, l'empereur que nous appelons Octave Auguste, etc.

NOMBRES DISTRIBUTIFS.

Singuli, ae, a signifie "un à un :" ainsi *leo coepit vesci singulis,* dans une fable de Phèdre, signifie : "le lion commença (à les) manger les uns après les autres." Faute de retenir cela, vous ferez un gros contre-sens chaque fois que vous rencontrerez le mot *singuli.*

Bini signifie "deux par deux," *terni* "trois par trois," *deni* "dix par dix," *centeni* "cent par cent." Ces mots ne sont pas très usités.

Il faut aussi dire un mot des adverbes numéraux, qui répondent à la question "combien de fois ?" en latin *quoties.* Les quatre premiers sont très

---

[1] Juvénal, *Satires*, vii. 100-101.

employés : *semel*, une fois ; *bis*, deux fois ; *ter*, trois fois ; *quater*, quatre fois. On trouve aussi *decies*, dix fois, *vicies*, vingt fois, *centies*, cent fois, *milies*, mille fois.

Virgile montre Didon, abandonnée par Énée, se frappant trois et quatre fois la poitrine :

Terque quaterque manu pectus percussa decorum.[1]

"Et trois et quatre fois de (sa) main (sa) poitrine ayant frappé belle," c'est-à-dire : "Ayant frappé trois et quatre fois de sa main sa belle poitrine." Comme le remarquait Fénelon, Virgile nous intéresse à Didon par sa beauté.—Vous avez déjà vu ce petit mot *que*, signifiant "et," qui s'ajoute aux mots et ne se trouve jamais seul.

Retenez encore cette expression de Virgile, pour dire qu'un homme garde le silence pendant dix jours : *Bis quinos silet ille dies*,[2] c'est-à-dire *ille silet*, il se tait, *bis quinos dies*, (pendant) deux fois cinq jours. Ai-je encore besoin de vous dire que c'est là le commencement d'un hexamètre.

— — ‿‿ ‿‿ — . . . . ?

Valedico tibi, ce qui signifie "je te dis adieu," mot à mot "je te dis porte-toi bien."

S. R.

---

[1] Virgile, *Énéide* iv. 589.   [2] *Ibid.* ii. 126.

QUATRIÈME LETTRE.

Ma chère Cornélie,

Je vais vous parler d'abord des pronoms—
personnels, réfléchis, possessifs, démonstratifs, re-
·latifs, interrogatifs, indéfinis, corrélatifs. Si vous
voulez retenir cette liste des divers pronoms,
observez les majuscules de ces trois mots, dont le
dernier, qui est latin, a passé dans notre langue
familière au sens de " tout de suite " : Pour Ré-
PonDRe IllICo. Cette mnémonique vous fait
sourire ; vous avez raison, mais n'en faites pas
fi. J'ai sans cesse recours à une formule de ce
genre pour me rappeler, sans erreur possible, la
succession des douze premiers Césars : *Césautica*,
claunégalo, *vivestido* = Cés(ar), Au(guste), Ti(bère),
Ca(ligula), Clau(de), Né(ron), Gal(ba), O(thon),
Vi(tellius), Ves(pasien), Ti(tus), Do(mitien). Un
des premiers devoirs de la pédagogie n'est-il pas
d'économiser l'effort et de le réserver pour ce qui
est vraiment utile ?

38

PRONOMS PERSONNELS.

Le pronom de la première personne (celle qui parle) est *ego*, pluriel *nos*.

SINGULIER.	PLURIEL.
Nom. Ego, *je* ou *moi*	Nos, *nous*
Gén. Mei, *de moi*	Nostrum *ou* nostri, *de nous*
Dat. Mihi, *à moi*	Nobis, *à nous*
Acc. Me, *moi*	Nos, *nous*
Abl. Me, *de* ou *par moi*	Nobis, *de* ou *par nous*

Nostrum s'emploie comme synonyme de *ex nobis : Unus nostrum* (et non pas *nostri*) " un de nous." Mais on dit : *Memento nostri* (et non pas *nostrum*) : " souviens-toi de nous."

Le pronom de la seconde personne (celle à qui l'on parle) est *tu*, pluriel *vos*.

SINGULIER.	PLURIEL.
Nom. Tu, *tu* ou *toi*	Vos, *vous*
Gén. Tui, *de toi*	Vestrum *ou* vestri, *de vous*
Dat. Tibi, *à toi*	Vobis, *à vous*
Acc. Te, *toi*	Vos, *vous*
Abl. Te, *de* ou *par toi*	Vobis, *de* ou *par vous*

Vestrum est synonyme d'*ex vobis : Unus vestrum* "un de vous." Mais on dit : *Memini vestri*, " Je me souviens de vous."

Les Romains disaient toujours *tu* (et non *vos*) en parlant à une seule personne, même à l'empereur ; mais ils disaient souvent *nos, nostrum, nostri* en parlant d'eux-mêmes. Ainsi ; *memento nostri* peut signifier : "Souviens-toi de moi."

Les pronoms de la troisième personne (celle de qui l'on parle) se rendent en latin par des démonstratifs ; il en sera question plus loin.

PRONOM RÉFLÉCHI.

Le pronom réfléchi n'a pas de nominatif ; il est des trois genres, et le même au pluriel qu'au singulier.

Gén. Sui, *de soi, de lui-même, d'elle-même, d'eux-* ou *d'elles-mêmes.*
Dat. Sibi, *à soi, à elle-même, à eux-mêmes, etc.*
Acc. Se, *soi.*
Abl. Se, *de* ou *par soi.*

On emploie souvent la forme redoublée *sese.* Virgile décrit ainsi deux forgerons :

Illi inter sese magna vi brachia tollunt.[1]

"Eux entre soi (avec) grande force les bras ils soulèvent," c'est-à-dire : " Ensemble, d'un effort puissant, ils lèvent les bras." Remarquez l'élision un peu dure, *illi inter*, et le fait qu'il n'y a qu'un seul dactyle dans ce vers ; Virgile fait ainsi, en exprimant l'effort, de l'harmonie imitative.

Le pronom réfléchi est très employé en latin, même là où nous ne songerions pas à employer en français *soi*, mais où nous dirions *lui-même* ou *eux-mêmes*.

PRONOMS POSSESSIFS.

Ces pronoms—*meus, tuus, noster, vester, suus,* mien, tien, notre, votre, son—se déclinent comme les adjectifs terminés de même, au masculin, au féminin et au neutre. Par exemple : *meus, mea, meum*, à l'ablatif *meo, meā, meo ; noster, nostra, nostrum*, à l'accusatif *nostrum, nostram, nostrum.* Il n'y a aucune irrégularité, excepté le vocatif singulier de *meus* qui est *mi :* " mon fils ! " se dit *fili mi !*

Un vieux pronom possessif peu usité est *cujus*, qui signifie " à qui appartenant ? " Une églogue de Virgile commence ainsi :

[1] Virgile, *Géorgiques*, iv. 174.

Dic mihi, Damoeta, cujum pecus ?   An Meliboei ? [1]

" Dis-moi, Damétas, à qui ce troupeau ?   Est-ce (celui) de Mélibée ? "

" Est-ce " est un équivalent français de *an ;* en réalité, *an* est une particule interrogative et non un verbe suivi d'un pronom.

PRONOMS DÉMONSTRATIFS.

Il y en a six : *is, ea, id ; hic, haec, hoc ; ille, illa, illud ; iste, ista, istud ; ipse, ipsa, ipsum ; idem, eadem, idem.*

1. IS, EA, ID,   *il, elle, ce.*

	SINGULIER.	PLURIEL.
Nom.	Is, ea, id	Ii, eae, ea
Gén.	Ejus (*des trois genres*)	Eorum, earum, eorum
Dat.	Ei (*des trois genres*)	Iis *ou* eis (*des trois genres*)
Acc.	Eum, eam, id	Eos, eas, ea
Abl.	Eo, eā, eo	Iis *ou* eis (*des trois genres*)

[1] Virgile, *Bucoliques,* iii. 1.

2. HIC, HAEC, HOC, *celui-ci, celle-ci, ceci.*

	SINGULIER.	PLURIEL.
Nom.	Hic, haec, hoc	Hi, hae, haec
Gén.	Hujus (*des trois genres*)	Horum, harum, horum
Dat.	Huic (*des trois genres*)	His (*des trois genres*)
Acc.	Hunc, hanc, hoc	Hos, has, haec
Abl.	Hoc, hāc, hoc	His (*des trois genres*)

Hic signifie celui-ci, opposé à *ille*, qui signifie celui-là ; mais les bons auteurs emploient souvent ces mots l'un pour l'autre. La particule *ce*, ajoutée à *hic, haec, hoc* (*hicce, hujusce, haecce*, etc.) donne à ces pronoms un sens intensif : *celui-ci même, de celui-ci même, celle-ci même.*

3. ILLE, ILLA, ILLUD, *celui-là, celle-là, cela.*

	SINGULIER.	PLURIEL.
Nom.	Ille, illa, illud	Illi, illae, illa
Gén.	Illius (*des trois genres*)	Illorum, illarum, illorum
Dat.	Illi (*des trois genres*)	Illis (*des trois genres*)
Acc.	Illum, illam, illud	Illos, illas, illa
Abl.	Illo, illa, illo	Illis (*des trois genres*)

4. ISTE, ISTA, ISTUD, *celui-là* (quelquefois en mauvaise part).

Se décline comme *ille, illa, illud.* " Cet homme-là," avec une nuance de mépris, se dirait: *iste homo.*

5. IPSE, IPSA, IPSUM, *moi-même, toi-même, lui-même.*

Sauf qu'on dit *ipsum* et non *ipsud,* ce pronom se décline comme *ille.*

6. IDEM (*ĭdem*), EADEM, IDEM (*ĭdem*).

Se décline comme *is, ea, id*: *eumdem, ejusdem, eādem,* etc. Le nom. masc. sing. *idem* est pour *isdem,* inusité; c'est pourquoi l'*i* initial est long.

Homo ipse signifie " l'homme lui-même " et *idem homo* signifie " le même homme."

PRONOMS RELATIFS.

1. QUI, QUAE, QUOD, *qui, lequel.*

	SINGULIER.	PLURIEL.
Nom.	Qui, quae, quod	Qui, quae, quae
Gén.	Cujus (*des trois genres*)	Quorum, quarum, quorum
Dat.	Cui (*des trois genres*)	Quibus (*des trois genres*)

Singulier.		Pluriel.
Acc. Quem,	quam quod	Quos, quas, quae
Abl. Quo, qua, quo		Quibus (*des trois genres*)

Quand, dans une assemblée délibérante, il n'y a pas le nombre de membres requis pour que le vote soit valable, on dit que le *quorum* n'est pas atteint. Il n'y a pas un homme instruit sur mille qui comprenne cette expression. Elle dérive d'une vieille formule de l'administration anglaise du moyen-âge, qui parlait encore latin. On désignait, pour faire fonctions de juges, un certain nombre d'hommes, *dont* (*quorum*, dont *ou* desquels) tels et tels étaient indispensables pour procéder à certaines enquêtes ; ceux-là—les plus instruits—étaient qualifiés de *quorum judges,* "juges *quorum.*" Ce mot latin passa, en changeant de sens, dans la langue parlementaire anglaise, et de là dans celle de tous les parlements du monde, qui sont nés du parlement anglais.

2. Composés de QUI.

Dans QUICUNQUE, *quaecunque, quodcunque,* quiconque ; QUIDAM, *quaedam, quoddam* ou *quiddam,* certain ; QUILIBET, *quaelibet, quodlibet,* ou *quidlibet,* qui l'on voudra ; QUIVIS, *quaevis, quodvis* ou *quidvis,* même sens—la première partie du composé, *qui*, se décline exactement comme *qui, quae, quod*, les autres syllabes restant les mêmes.

Horace écrit :

Non cuivis homini contingit adire Corinthum.[1]

"*Non contingit*, il n'est (pas) donné ; *cuivis homini*, à n'importe quel homme ; *adire Corinthum*, d'aller (à) Corinthe," c'est-à-dire : "Il n'est pas donné à tout le monde d'aller à Corinthe." Cette ville de Grèce était célèbre pour ses plaisirs coûteux ; les riches seuls pouvaient songer .à s'y divertir.

PRONOMS INTERROGATIFS.

Ces pronoms sont : 1. *quis* ? 2. les composés de *quis* ; 3. les adjectifs *uter, qualis, quantus, quotus, quotusquisque.*

1. *Quis* ou *qui, quae* ou *qua, quod* ou *quid*, " qui ?" se décline comme *qui* relatif. Il y a une nuance de sens entre *quis* et *qui*. *QUIS dicit hoc ?* "Qui dit cela ?" *QUI homo est ?* "Quel homme est-il ?" Comme *qui, quod* interrogatif est adjectif et doit être accompagné d'un nom ; *quid* est substantif et s'emploie seul. Ainsi on dira *nescio*

---

[1] Horace, *Épîtres*, i. 17, 36.

QUID, "je ne sais quoi," mais *nescio QUOD animal,* "je ne sais quel animal."

2. Les composés de *quis,* savoir *quisnam* et *ecquis,* se déclinent comme *quis,* les syllabes *nam* et *ec* restant invariables. Le sens est le même, un peu renforcé.

3. *Uter, utra, utrum* (lequel des deux?) se décline comme *unus, una, unum.* *Qualis* (quel?) se décline comme *levis; quantus* et *quotus* (combien grand? combien nombreux?) se déclinent comme *bonus.* Dans *quotusquisque* (en combien petit nombre?), les deux mots se déclinent; mais le nominatif et l'accusatif sont seuls usités. Pour dire: "Combien peu de femmes peuvent être fières de leur beauté?" Ovide écrit: *Formā quotaquaeque superbit,* littéralement "de (sa) beauté combien-peu-nombreuse s'enorgueillit?"—exemple frappant de cette concision qui fait du latin une langue difficile, alors même que l'on en comprend tous les mots.

PRONOMS INDÉFINIS.

Il est absolument nécessaire de connaître ces pronoms, qui sont d'un emploi continuel dans les auteurs :

1. *Quis* ou *qui*, *quae* ou *qua*, *quid* ou *quod* ; neutre pluriel, *qua* ou *quae*. La forme *quis* ne s'emploie en général qu'après les mots *si*, *nisi*, *ne* ; ailleurs on emploie *qui*.—*Si quis te interroget*, si quelqu'un t'interroge ; *nisi quis dicat*, à moins que quelqu'un ne dise ; *ne quis dicat*, que personne ne dise.

2. *Aliquis*, *aliqua*, *aliquid* et *aliquod* ; pluriel, *aliqui*, *aliquae*, *aliqua*, quelqu'un, quelque chose. Le satirique Perse se moque des poètes qui cherchent l'emphase et la qualifie de *grande aliquid*, " quelque chose de sublime," en attachant un sens ironique au mot *grande*.

3. *Quisquam, quidquam* (sans féminin ni pluriel), chacun.

4. *Ullus*, aucun ; se décline comme *unus* (p. 33).

5. *Nullus*, nul, aucun ; se décline comme *unus*. Horace dit de lui-même qu'il n'est assujetti à jurer suivant les paroles d'aucun maître. Ce vers est devenu proverbial pour signifier l'indépendance de l'esprit, par opposition à nos penchants crédules et serviles :

Nullius addictus jurare in verba magistri.[1]

[1] Horace, *Épîtres*, i. 1, 14.

"*Addictus*, assujetti ; *jurare*, à jurer ; *in verba*, suivant les paroles ; *nullius magistri*, de nul maître."

6. *Quidam, quaedam, quiddam* ou *quoddam*, un certain. Nous disons quelquefois en français "un quidam"; Victor Hugo a terminé ainsi un vers des *Châtiments*, où *quidam* rime avec *macadam*.

7. *Alius, alia, aliud*, gén. *alius*, dat. *alii*, autre ; se décline comme *unus*.

8. *Alter, altera, alterum*, gén. *alterius*, dat. *alteri*, autre ; se décline comme *unus*.

Je cite encore un hexamètre d'Horace :

Cui placet alterius, sua nimirum est odio sors.[1]

"A qui plaît (le sort) d'autrui, son (propre) sort sans doute est à haine," c'est-à-dire : "Celui qui admire la condition d'autrui déteste la sienne."

9. *Aliquot*, indéclinable, ne se joint qu'à des substantifs pluriels : *aliquot homines*, quelques hommes.

10. *Nemo*, personne, n'a que le datif *nemini* et l'accusatif *neminem* ; il emprunte le génitif et l'ablatif à *nullus* (*nullius, nullo*).—"Qui lira mon livre ?" demande Perse au début de ses *Satires*.

---

[1] Horace, *Épîtres*, i. 14, 11.

E

Son interlocuteur répond : *Vel duo vel nemo*, "ou deux ou personne," ce que nous rendrions par : "un ou deux hommes peut-être."

11. *Nihil* ou *nil*, rien, indéclinable, est toujours employé comme substantif. *Nihil horum* signifie " rien de tout cela."

12. *Uterque, utraque, utrumque*, génitif *utriusque*, datif *utrique*, chacun (en parlant de deux).

13. *Neuter, neutra, neutrum*, génitif *neutrius*, datif *neutri*, aucun des deux.

14. *Quantuscumque, quantacumque, quantum-cumque*, si grand que l'on voudra.

PRONOMS CORRÉLATIFS.

Apprenez à les connaître par des exemples.

QUOT homines, TOT sententiae (autant d'hommes, autant d'opinions).—*QUANTUM vini, TANTUM aquae* (autant de vin que d'eau).—*QUALIS pater, TALIS filius* (tel père, tel fils).—*Ait UNUS, negat ALTER* (l'un dit oui, l'autre dit non).

Voici d'admirables vers de Juvénal où vous trouverez quelques-uns des pronoms énumérés dans ma lettre :

*Exemplo quodcumque malo committitur, ipsi
Displicet auctori.   Prima est haec ultio, quod se
Judice nemo nocens absolvitur . . .*[1]

Mot à mot : " *Quodcumque,* quelque (acte) qui ; *committitur,* est commis ; *malo exemplo,* en mauvais exemple ; *displicet,* déplaît ; *auctori ipsi,* à (son) auteur lui-même. *Haec ultio,* cette vengeance ; *est prima,* est la première ; *quod nemo,* (à savoir) que personne ; *absolvitur,* (n')est absous ; *se judice,* soi-même (étant) juge." En français : "Toute mauvaise action pèse à son auteur.   C'est le premier châtiment : personne ne s'absout à son propre tribunal."

Sentez-vous, Cornélie, ce qu'il y a d'âpreté et de passion contenue dans ces vers ? Juvénal n'a rien de la douceur de Virgile, de la bonhomie d'Horace, de la facilité aimable d'Ovide. Une autre citation de Juvénal va vous en convaincre : il s'agit d'un mauvais riche, Pacuvius, qui tient surtout à la vie et à l'argent, prêt à tout d'ailleurs pour les conserver :

*Vivat Pacuvius, quaeso, vel Nestora totum !
Possideat, quantum rapuit Nero ! Montibus
   aurum
Exaequet, nec amet quemquam, nec ametur ab
   ullo.*[2]

---

[1] Juvénal, *Satires,* xiii, 1–3.
[2] *Ibid.,* xii. 127–130.

Quaeso, je (le) demande ; *Pacuvius vivat*, que Pacuvius
vive ; *vel Nestora totum*, même tout Nestor [c'est-à-dire
aussi vieux que Nestor, qui vécut, dit-on, 120 ans ; cette
expression est d'une concision forcée et voulue]. *Possideat
quantum Nero rapuit*, qu'il possède autant que Néron a
dérobé [Néron s'enrichissait des biens de ceux qu'il con-
damnait à mort] ; *exaequet aurum montibus*, qu'il égale
(son) or aux montagnes ; *nec amet quemquam*, et qu'il
n'aime personne ; *nec ametur ab ullo*, et qu'il ne soit aimé
de personne. En français : " Que Pacuvius vive, je le
demande ; qu'il vive autant que Nestor ; qu'il possède
autant de richesses qu'en déroba Néron ; qu'il accumule
des montagnes d'or ; mais aussi qu'il n'aime personne, que
personne ne l'aime ! "

J'ai choisi ces vers à cause des pronoms, mais
j'en aurais trouvé mille autres du même caractère.
Vous aurez fait un grand progrès quand vous serez
devenue sensible à ce style mordant.

Vale et memento mei,

S. R.

CINQUIÈME LETTRE

Ma chère Cornélie,

Puisque j'ai fini ma dernière lettre par du Juvénal, je veux vous donner en commençant celle-ci un peu d'Ovide, dont le style aimable et caressant fait contraste. Exilé à Tomes sur la Mer Noire, par l'effet de la mauvaise humeur d'Auguste, Ovide, dans une élégie adressée à la postérité, rappelle ses goûts d'enfant pour la poésie ; ce sont des distiques :

1. *At mihi jam puero caelestia sacra placebant,*
2. *Inque suum furtim Musa trahebat opus.*
3. *Saepe pater dixit : " Studium quid inutile tentas ?*
4. *Maeonides nullas ipse reliquit opes."*
5. *Motus eram dictis totoque Helicone relicto,*
6. *Scribere conabar verba soluta modis :*
7. *Sponte suā carmen numeros veniebat ad aptos,*
8. *Et, quod tentubam dicere, versus erat.*[1]

[1] Ovide, *Tristes,* iv, 10, 19-26.

1. *At mihi jam puero,* mais à moi déjà (encore) enfant ; *sacra caelestia placebant,* les mystères célestes plaisaient.

2. *Inque suum opus,* et dans son travail ; *Musa trahebat furtim,* la Muse (m')entraînait à la dérobée.

3. *Saepe pater dixit,* souvent (mon) père me dit ; *quid tentas studium inutile ?* pourquoi tentes-tu une étude inutile ?

4. *Maeonides ipse,* le Méonide [Homère, né en Méonie] lui-même ; *reliquit nullas opes,* (n')a laissé aucunes richesses.

5. *Eram motus dictis,* j'étais touché (de ces) paroles ; *totoque Helicone relicto,* et tout l'Hélicon [la colline des Muses en Béotie] ayant été abandonné (par moi),

6. *Conabar scribere,* j'essayais d'écrire ; *verba soluta modis,* des paroles affranchies de mesures ;

7. *Sponte suā,* (mais) de son propre gré ; *carmen veniebat ad numeros aptos,* le chant venait aux nombres appropriés,

8. *Et quod tentabam scribere,* et ce que je tentais d'écrire ; *versus erat,* était un vers.

J'emprunte une élégante traduction : " Mais pour moi, dès l'enfance, les mystères sacrés furent pleins de charmes et les Muses m'attirèrent en secret à leur culte. Souvent mon père me disait : ' Pourquoi tenter une étude stérile ? Homère lui-même est mort dans l'indigence.' J'étais ébranlé par ces paroles ; je disais adieu à l'Hélicon et tâchais d'écrire sans m'astreindre au rythme poétique ; mais les mots venaient d'eux-mêmes remplir le cadre de la mesure, et chaque pensée que j'exprimais était un vers."

Ovide caractérise ainsi, avec une grâce charmante, son incomparable facilité ; elle l'entraîne
souvent, il faut bien le dire, à écrire des vers très
négligés et même plats.

Je vais vous parler aujourd'hui des adverbes,
des prépositions et des conjonctions, réservant le
verbe pour la fin, avant de passer à la syntaxe.

ADVERBES.

1. Pour MARQUER LE TEMPS : *Hodie* (aujour-
d'hui); *cras* (demain); *heri* (hier); *pridie* (la veille) ;
postridie (le lendemain) ; *quondam* ou *olim* (autrefois) ; *saepe* (souvent) ; *nuper* (récemment) ;
nunquam (jamais); *postea* ou *deinde* (ensuite) ;
jam (déjà); *nunc* (maintenant); *tum* ou *tunc*
(alors).

2. Pour INTERROGER : *Cur* ou *quamobrem ?*
(pourquoi ?) ; *quare ? quomodo ?* (comment ?) ;
an ou *anne* ou *num ?* (est-ce que ?).

3. Pour ASSURER : *Etiam* (même) ; *ita* (ainsi);
certe ou *sane* ou *profecto* (certes, assurément);
quidem, toujours après un nom (en effet) ; *equidem*
[même sens que *ego quidem*] (en effet) ; *scilicet* (à
savoir) ; *ergo* (donc) ; *enim* ou *etenim* (en effet).

4. Pour nier : *Non* ou *haud* (non) ; *minime* (nullement).

5. Pour marquer le doute : *Forsan* ou *forsitan* ou *fortasse* (peut-être). *Forte* ne signifie pas " peut-être," mais " par hasard."

6. Pour marquer la conformité : *ita* (ainsi) ; *tanquam* ou *quasi* (comme si) ; *quemadmodum* (de même que) ; *ut* ou *sic* ou *sicut* ou *velut* (comme).

7. Pour marquer l'union : *simul* ou *una* (ensemble) ; *pariter* (pareillement).

8. Pour marquer la division : *aliter* ou *alias* (autrement).

9. Pour montrer : *En* ou *ecce* (voici, voilà).

10. Pour marquer le désir : *Utinam* (plût au ciel que . . . !)

11. Pour exhorter : *Eia* ou *age* ou *agedum* (eh bien ! courage !).

12. Pour marquer la manière : *docte* (savamment) ; *fortiter* (bravement) ; *cito* (rapidement). Ces adverbes se forment des adjectifs correspondants, *doctus*, *fortis*, *citus*.

13. Pour marquer la quantité : *parum* (trop peu) ; *paulum* ou *paululum* (un peu) ; *multum* (beaucoup) ; *satis* (assez) ; *nimis* (trop).

14. Pour marquer le lieu : *Ubi* (où) ; *ibi* (là) ; *nusquam* (nulle part); *alicubi* (quelque part) ; *obviam* (en face) ; *pone* (derrière) ; *prope* (près) ; *longe* (loin) ; *procul* (au loin).

Écrivez chacun de ces adverbes latins sur une fiche, avec la traduction au revers ; brouillez les fiches et apprenez à dire l'équivalent latin ou l'équivalent français à première réquisition. En moins d'une heure, vous aurez tout retenu.

Lucain apostrophe César et lui demande : *Quid satis est, si Roma parum ?*[1] “Qu'est-ce qui est assez (pour toi), si Rome est trop peu ?” “Que te faut-il donc, puisque Rome ne te suffit pas ?” Je vous cite ce début d'hexamètre pour bien vous persuader que *parum* doit toujours se traduire par *trop peu ;* un Romain qui aurait demandé *parum aquae* dans une auberge, au lieu de *paulum aquae*, n'aurait reçu, à juste titre, qu'une goutte d'eau.

Les adverbes admettent généralement des degrés de comparaison lorsque les adjectifs d'où ils dérivent les admettent eux-mêmes.

1°. Le comparatif d'un adverbe est pareil au neutre du comparatif de l'adjectif : ainsi *doctius* signifie à la fois “plus savant” (au neutre) et

[1] Lucain, *Pharsale*, v. 274.

"plus savamment." Cependant on dit *magis* (plus) et non pas *majus*. *Diu* (longtemps) fait *diutius*, *saepe* (souvent) fait *saepius*, alors qu'il n'existe pas d'adjectifs correspondants. *Potius*, dont le positif est inusité, signifie "plutôt."

On peut d'ailleurs employer, au lieu du comparatif adverbial, le positif de l'adverbe avec *magis*, plus : *magis docte* équivaut à *doctius*.

2°. Le superlatif d'un adverbe se forme du superlatif de l'adjectif en changeant *us* en *e* : *doctissime*, "très savamment." *Merito* (justement) et *tuto* (sûrement) ont un superlatif en *o* : *meritissimo*, *tutissimo*. *Diu* (longtemps) fait *diutissime* ; *nuper* (récemment) fait *nuperrime* ; *saepe* (souvent) fait *saepissime*, alors qu'il n'existe pas d'adjectifs correspondants. Un très grand nombre de superlatifs sont en *um*, identiques au superlatif neutre des adjectifs : *maximum* ou *maxime* (le plus, beaucoup). On dit *primum* (d'abord) et *primo* (en premier lieu), mais non *prime*.

On peut employer le positif de l'adverbe avec *maxime*, *admodum*, *plane* (beaucoup, tout à fait) au lieu du superlatif : *plane egregie* équivaut à "tout à fait bien."

PRÉPOSITIONS.

Trente-trois prépositions latines se construisent avec l'accusatif, douze avec l'ablatif, trois avec l'accusatif ou l'ablatif suivant qu'on exprime ou non le mouvement, deux avec le génitif.

AVEC L'ACCUSATIF : *Ad* (auprès *ou* pour) ; *adversum* (contre *ou* vis à vis) ; *ante* (avant) ; *apud* (auprès *ou* chez) ; *circa, circiter, circum* (autour *ou* environ) ; *cis, citra* (en deça) ; *contra* (contre) ; *erga* (à l'égard de) ; *extra* (en dehors de) ; *infra* (au-dessous de) ; *inter* (entre *ou* parmi) ; *intra* (au-dedans de) ; *juxta* (à côté de) ; *ob* (à cause de *ou* devant) ; *prope* (près de) ; *penes* (en la puissance de) ; *per* (par) ; *pone* (derrière) ; *post* (après) ; *praeter* (en dehors de) ; *propter* (à cause de) ; *secundum* (selon) ; *secus* (le long de) ; *subter* (sous) ; *supra* (au-dessus de) ; *trans* (à travers) ; *versus* (vers) ; *ultra* (au delà de) ; *usque* (jusqu'à).

AVEC L'ABLATIF : *A* ou *ab* (*ab* devant les voyelles et certaines consonnes ; *abs* devant *te ;* marque l'éloignement ou l'origine, en français " de ") ; *absque* (sans) ; *clam* (à l'insu de) ; *coram* (en présence de) ; *cum* (avec) ; *de* (de) ; *e* ou *ex* (de) ; *palam* (en présence de) ; *prae* (devant) ; *pro* (pour) ; *sine* (sans) ; *tenus* (jusqu'à). Ce dernier mot veut l'ablatif avec un complément au singulier : *capulo tenus*, jusqu'à la garde (de l'épée), et le génitif quand le régime est au pluriel : *aurium tenus*, jusqu'aux oreilles.

Avec l'Accusatif ou l'Ablatif : *In* (dans); *sub* (sous) ; *super* (sur). Ainsi *stare in monte*, " se tenir sur la montagne," mais *ascendere in montem*, " monter sur la montagne." *Super* se construit avec l'ablatif dans le sens de " concernant "; Virgile écrit, à la fin de ses *Géorgiques :*

Haec super arvorum cultu pecorisque canebam.[1]

Canebam haec, je chantais ces choses ; *super cultu arvorum pecorisque*, au sujet de la culture des champs et (de l'élevage) du bétail.

Avec le Génitif : *Ergo* (à cause de); *instar* (à l'exemple de).

Remarquez encore que *cum* (avec) se met toujours après les pronoms *me, te, nobis, vobis, se, quibus :* on dit *mecum, tecum, nobiscum, vobiscum, secum, quibuscum*, et non pas *cum me, cum te*, etc.

---

[1] Virgile, *Géorgiques*, iv. 559.

CONJONCTIONS.

Je vous demande encore un effort de mémoire pour les conjonctions, qui peuvent se classer ainsi :

1. Pour JOINDRE : Dans le sens de "et, aussi, même" : *Et, que* (après un mot), *ac, atque, quoque, etiam.—Praeterea* signifie "en outre."

2. Pour SÉPARER : Dans le sens de "ou" : *aut, vel, ve* (après un mot). *Sive* signifie "soit" et s'oppose généralement à un autre *sive*. *Nec* et *neque* signifient "ni, ne pas."

3. Pour CONCLURE : Dans le sens de "donc" : *ergo, igitur, ideo, itaque* (c'est pourquoi).

4. Pour MARQUER OPPOSITION : Dans le sens de "mais" : *sed, sedenim, at, autem, vero* (ces deux derniers après un mot). Dans le sens de "si," "même si," "quoique" : *si, etsi, etiamsi, licet, quamquam, quamvis, tametsi.* Dans le sens de "qui plus est," "à la vérité" : *imo, imo vero, quin, quin etiam.*

5. Pour RENDRE RAISON : Dans le sens de "car, en effet" : *Nam, namque, enim* (après un mot), *etenim.* Dans le sens de "parce que" : *quod, quia, propterea quod, quoniam.* La particule *ne* inter-

dit : *ne hoc facias,* ne fais pas cela. *Ita ut* signifie
" en sorte que."

6. POUR MARQUER UNE CONDITION : Dans le
sens de " pourvu que " : *dum, dummodo.* Dans
le sens de " si " : *si, si modo. Nisi* signifie " à
moins que " ; *modo ne* signifie " pourvu que . . .
ne pas." *Modo ne hoc dicas,* " pourvu que tu ne
dises pas cela."

7. POUR MARQUER LE DOUTE : Sens d' " est-ce
que ? " : *An, num, utrum, ne* (après un mot).

INTERJECTIONS.

Enfin, les interjections les plus usitées sont : *A*
(ah !), *o* (ô *ou* oh !), *heu* (hélas) et *vae* (malheur à).
Je vous ai déjà cité la parole de l'Écriture, *vae
soli ;* je vous rappelle celle du chef gaulois Brennus,
exigeant de Rome vaincue des conditions très
dures : *Vae victis !* " Malheur aux vaincus ! "

* * *

Maintenant, quelques exemples littéraires pour
vous rafraîchir.

De Virgile : *forsan et haec olim meminisse juvabit*
(fin d'hexamètre).[1]

Virgile, *Énéide,* i. 203.

Forsan olim, peut-être un jour ; *juvabit meminisse*, il sera agréable de se rappeler ; *et haec*, aussi ces choses. " Peut-être aimera-t-on à s'en souvenir un jour."

Je ne vous ai pas encore cité de phrase de Sénèque, le plus spirituel de tous les moralistes anciens, auquel notre Montaigne doit au moins autant qu'à Plutarque.   En voici une. :

Sicut in arvo quod segeti proscissum est, aliqui flores internascuntur, non tamen huic herbulae, quamvis delectet oculos, tantum operis insumptum est : aliud fuit serenti propositum, hoc supervenit ; sic et voluptas non est merces, nec causa virtutis, sed accessio.[1]

Sicut in arvo, comme dans un champ cultivé ; *quod proscissum est segeti*, qui a été labouré (en vue de) la moisson ; *aliqui flores internascuntur*, quelques fleurs naissent entre (les épis) ; *non tamen*, (ce) n'(est) pourtant (pas) ; *huic herbulae*, pour cette herbette ; *quamvis delectet oculos*, bien qu'elle charme les yeux ; *tantum operis insumptum est*, (que) tant de travail a été entrepris ; *propositum serenti fuit aliud*, le dessein (présent) au semeur a été autre ; *hoc supervenit*, cela est venu par surcroît ; *sic et voluptas*, de même aussi le plaisir ; *non est merces nec causa virtutis*, n'est pas la récompense ni la cause de la vertu ; *sed accessio*, mais l'accessoire (de la vertu).

En français : " Dans un champ labouré en vue de la moisson, il naît quelques fleurs ; cependant

[1] Sénèque, *De la vie heureuse*, chap. 9.

ce n'est pas pour cette petite herbe, bien qu'elle
charme les yeux, qu'on a pris tant de peine : le
semeur a eu un autre but ; cela est venu par surcroît. De même le plaisir n'est ni la récompense
ni le motif de la vertu ; il en est l'accessoire."

N'est-ce pas une jolie idée d'assimiler le plaisir
que cause une bonne action à ces fleurs qui naissent
parmi les blés ? Sénèque déclame souvent, il se
paye de mots, il se contredit ; ainsi personne n'a
pu encore découvrir s'il croyait ou non aux dieux.
Mais ce précepteur de Néron, ce confesseur laïc
du jeune Lucilius est un écrivain d'une vivacité
charmante et un profond connaisseur du cœur
humain. Si la conspiration de Pison contre Néron
avait réussi, il serait peut-être devenu empereur ;
Rome aurait eu Marc-Aurèle un siècle plus tôt,
avec des germes moins développés de décadence.

Encore trois petites phrases de Sénèque :

*Animus vitiorum immunis nos increpare alios,
non quia odit, sed in remedium jubet.*[1]

Animus immunis vitiorum, une âme exempte de vices ;
nos jubet increpare alios, nous ordonne de gourmander les
autres ; *non quia odit,* non parce qu'elle (les) hait ; *sed in
remedium,* mais en vue d'un remède.

---

[1] Sénèque, *De la vie heureuse,* chap. 26.

" Une âme affranchie de vices nous ordonne de gourmander les autres, non par haine contre eux, mais pour les guérir."

Marcet sine adversario virtus ; tunc apparet quanta sit, cum quid possit patientia ostendit.[1]

Virtus marcet sine adversario ; la vertu se dessèche sans adversaire ; *apparet tunc quanta sit,* elle apparaît alors combien grande elle est ; *cum patientia ostendit,* lorsque la patience montre ; *quid possit,* ce qu'elle peut.

" La vertu se dessèche sans adversaire ; elle ne paraît dans sa grandeur que lorsque la patience montre ce qu'elle peut."

Studiorum salutarium, etiam citra effectum, laudanda tractatio est.[2]

Tractatio studiorum salutarium, le maniement des études salutaires ; *etiam citra effectum,* même en deçà de l'effet ; *laudanda est,* est louable.

" L'application aux études salutaires est louable, même sans que l'on obtienne le résultat désiré."

Cette phrase pourrait servir de devise à ceux qui pensent que l'étude du latin et du grec, même imparfaite, est chose utile à l'esprit. Ne sentez-vous pas déjà, Cornélie, qu'ils ont raison ?

S. R.

[1] Sénèque, *De la vie heureuse,* chap. 20.
[2] Id., *De la Providence,* chap. 2.

F

SIXIÈME LETTRE

Ma chère Cornélie,

Bien qu'on distingue quatre conjugaisons, les verbes latins ne présentent pas de difficultés sérieuses ; il suffit de savoir parfaitement conjuguer *sum* (je suis) et l'un des verbes en *o* — *amo*, par exemple — pour se rendre maître du reste en peu de temps.

Dans notre langue, les personnes du verbe se distinguent tant par la terminaison (*j'aime, tu aimes*) que par le pronom personnel qui précède chacune d'elles. En latin, le pronom ne précède que par exception, et les terminaisons seules suffisent à indiquer les personnes : *amo, amas.* C'est dire qu'il faut faire grande attention à ces terminaisons et ne pas croire, comme les mauvais élèves, qu'une personne d'un verbe latin peut se traduire n'importe comment, au petit bonheur.

Les verbes actifs se conjuguent à l'actif et au passif, les verbes neutres à l'actif seulement. Il y a six *temps :* le présent, l'imparfait, le parfait, le plus-que-parfait, le futur, le futur passé (*j'aime, j'aimais, j'ai aimé, j'avais aimé, j'aimerai, j'aurai*

66

aimé). Il y a trois modes : l'indicatif, le sub-jonctif et l'impératif, suivant que l'action désignée par le verbe est considérée comme réelle, comme conditionnée ou comme l'objet d'un ordre. L'in-finitif, le gérondif, le participe et le supin sont des formes du verbe employé comme substantif ou comme adjectif ; j'y reviendrai.

Les quatre conjugaisons se distinguent par la forme de l'infinitif présent et de la première personne du singulier du présent de l'indicatif :

1°. Infinitif *āre*, 1ère p. sing. prés. ind. *ō* (pour a-o) : *amāre*, (aimer) ; *amo* (j'aime).

2°. Infinitif *ēre*, 1ère p. sing. prés. ind. *ĕo :* *monēre* (avertir) ; *moneo* (j'avertis).

3°. Infinitif *ĕre*, 1ère p. sing. prés. ind. *ŏ : legĕre* (lire) ; *lego* (je lis).

4°. Infinitif *īre*, 1ère p. sing. prés. ind. *ĭo : audīre* (entendre) ; *audio*, (j'entends).

Il faut ajouter quelques verbes, comme *accipio* (je reçois), qui intercalent un *i* à certains temps, participant ainsi de la 3ème et de la 4ème conjugaison.

Les dictionnaires donnent, pour chaque verbe, le présent, le parfait et le supin ; de ces trois formes on déduit les autres, comme vous le verrez ;

quand une de ces formes manque, les formes
dérivées manquent également.

Certaines formes du verbe au passif ne peuvent
s'exprimer, en latin comme en français, qu'avec
le secours d'un verbe auxiliaire (comparez *amatus
sum* et " j'ai été aimé "). Le français se sert de
deux auxiliaires ; le latin n'en connaît qu'un seul,
le verbe irrégulier *sum* (je suis), infinitif *esse*
(être). C'est par la conjugaison de ce verbe qu'il
faut commencer

Présent de l'Indicatif.

Sum	*Je suis*
Es	*Tu es*
Est	*Il est*
Sumus	*Nous sommes*
Estis	*Vous êtes*
Sunt	*Ils sont*

Le poète Térence a écrit ce beau vers iambique
(dont je ne vous explique pas en détail la mesure,
qui est compliquée) :

Homo sum, humani nihil a me alienum puto.[1]

" Je suis homme et je considère que rien
d'humain ne m'est étranger."

[1] Térence, *L'homme qui se tourmente*, i. 1, 25.

IMPARFAIT DE L'INDICATIF.

Eram	*J'étais*
Eras	*Tu étais*
Erat	*Il était*
Eramus	*Nous étions*
Eratis	*Vous étiez*
Erant	*Ils étaient*

Une lettre d'Ovide commence par ce joli distique :

Haec mea, si casu miraris, epistola quare
Alterius digitis scripta sit : aeger eram.[1]

Si casu miraris, si par hasard tu t'étonnes ; *quare haec mea epistola,* pourquoi cette mienne épître ; *sit scripta digitis alterius,* soit écrite par les doigts d'un autre ; *aeger eram,* (c'est que) j'étais malade.

"Tu seras peut-être surpris de voir ma lettre écrite par une main étrangère : c'est que j'étais malade."

FUTUR DE L'INDICATIF.

Ero	*Je serai*
Eris	*Tu seras*
Erit	*Il sera*

[1] Ovide, *Tristes,* iii. 3, 1-2.

Erimus	*Nous serons*
Eritis	*Vous serez*
Erunt	*Ils seront*

Notez la forme *erunt*, et non *erint*, qui n'existe pas, et retenez ce pentamètre d'Ovide :

Me tamen extincto fama superstes erit.[1]

"Moi pourtant (étant) mort, (mà) renommée sera survivante"; c'est-à-dire : "Ma renommée me survivra."

Parfait de l'Indicatif.

Fui	*J'ai été* ou *je fus*
Fuisti	*Tu as été* ou *tu fus*
Fuit	*Il a été* ou *il fut*
Fuimus	*Nous avons été* ou *nous fûmes*
Fuistis	*Vous avez été* ou *vous fûtes*
Fuerunt *ou* fuere	*Ils ont été* ou *ils furent*

Au moment de la prise de Troie, Virgile fait dire à Énée : *Fŭĭmŭs Trōēs, fŭĭt Īlĭŏn !*[2] "Nous avons été Troyens, Ilion a été !" c'est-à-dire : "Il n'y a plus ni Troie ni Troyens !"

[1] Ovide, *Tristes*, iii. 7, 50.
[2] Virgile, *Énéide*, ii. 325.

Plus-que-parfait de l'Indicatif.

Fueram	*J'avais été*
Fueras	*Tu avais été*
Fuerat	*Il avait été*
Fueramus	*Nous avions été*
Fueratis	*Vous aviez été*
Fuerant	*Ils avaient été*

Futur Antérieur de l'Indicatif.

Fuero	*J'aurai été*
Fueris	*Tu auras été*
Fuerit	*Il aura été*
Fuerimus	*Nous aurons été*
Fueritis	*Vous aurez été*
Fuerint	*Ils auront été*

Présent du Subjonctif.

Sim	*Que je sois*
Sis	*Que tu sois*
Sit	*Qu'il soit*
Simus	*Que nous soyons*
Sitis	*Que vous soyez*
Sint	*Qu'ils soient*

Imparfait du Subjonctif.

Essem *ou* Forem	*Que je fusse* ou *je serais*
Esses *ou* Fores	*Que tu fusses* ou *tu serais*
Esset *ou* Foret	*Qu'il fût* ou *il serait*
Essemus	*Que nous fussions* ou *nous serions*
Essetis	*Que vous fussiez* ou *vous seriez*
Essent *ou* Forent	*Qu'ils fussent* ou *ils seraient*

Parfait du Subjonctif.

Fuerim	*Que j'aie été*
Fueris	*Que tu aies été*
Fuerit	*Qu'il ait été*
Fuerimus	*Que nous ayons été*
Fueritis	*Que vous ayez été*
Fuerint	*Qu'ils aient été*

Plus-que-Parfait du Subjonctif.

Fuissem	*Que j'eussse été*	ou *j'aurais été*
Fuisses	*Que tu eusses été*	ou *tu aurais été*
Fuisset	*Qu'il eût été*	ou *il aurait été*
Fuissemus	*Que nous eussions été*	ou *nous aurions été*
Fuissetis	*Que vous eussiez été*	ou *vous auriez été*
Fuissent	*Qu'ils eussent été*	ou *ils auraient été*

Si mens non laeva fuisset,[1] dit l'Énée de Virgile : "Si (mon) esprit n'eût pas été égaré."

IMPÉRATIF.

Es *ou* esto	*Sois*
Esto	*Qu'il soit* ·
Este *ou* estote	*Que vous soyez*
Sunto	*Qu'ils soient*

" Que nous soyons " se dit *simus*, 1ère pers. du pluriel du subjonctif.

Voici un précepte littéraire d'Horace :

Non satis est pulchra esse poemata: dulcia sunto[2]

" Il ne suffit pas que les poèmes soient beaux : qu'ils soient agréables " (c'est-à-dire : " il faut encore qu'ils plaisent ").

INFINITIF.

PRÉSENT :	Esse	*Être*
PARFAIT :	Fuisse	*Avoir été*
FUTUR :	Fore	*Devoir être*

[1] Virgile, *Énéide,* ii. 54.
[2] Horace, *Épître aux Pisons,* 99.

PARTICIPE.

PRÉSENT : Ens, *gén.* entis, *Étant* (seulement dans le
bas latin et celui du moyen âge).

FUTUR : Futurus, futura, futurum.   *Devant être*

Genus omne futurum (Virgile) [1] : " toute la race
future."

Rappelez-vous l'Agrippine de Racine disant à
Néron :

Et ton nom paraîtra, dans la race future,
Aux plus cruels tyrans une cruelle injure !

Le verbe *sum* n'a ni supin ni gérondif (p. 67).

Plusieurs verbes composés se conjuguent sur
sum, à savoir :

Absum, ab-es, ab-fui, ab-esse, *être absent.*
Adsum, ad-es, ad-fui, ad-esse, *être présent.*
Desum, de-es, de-fui, de-esse, *manquer.*
Insum, in-es (parfait manque), in-esse, *être dans.*
Subsum, sub-es (parfait manque), sub-esse, *être
sous.*

Le verbe *prosum*, pour *prod-sum*, admet un
d devant les formes d'*esse* qui commencent par

---

[1] Virgile, *Énéide,* iv. 622.

une voyelle : *prod-es, pro-fui, prod-ero, prod-esse,* " être utile."

Le dernier bon poète de Rome, Rutilius Nama-tianus, qui écrivait après la prise de la ville par Alaric en 410, fait un éloquent éloge des bienfaits de la civilisation romaine et s'adresse ainsi à la capitale du monde :

> *Fecisti patriam diversis gentibus unam ;*
> *Profuit injustis, te dominante, capi.*[1]

Fecisti patriam unam, tu as fait une patrie unique ; *diversis gentibus,* aux divers peuples ; *profuit injustis,* il a été utile aux méchants ; *capi te dominante,* d'être pris (soumis), toi (les) dominant.

" 'Tu as donné aux différents peuples une même patrie ; ce fut un bonheur, même pour les méchants, d'être soumis à tes lois."

Dans tous les composés de *sum,* excepté *absum,* les formes *foret, fore* sont inusitées.

Le plus employé des composés d'*esse* est *possum* (pour *potis-sum*), " je puis " ; il se conjugue comme *sum,* mais avec quelques différences :

[1] Rutilius, *Itinéraire,* i. 63, 64.

INDICATIF.	SUBJONCTIF.
Présent : Possum, potes, potest, possumus, potestis, possunt.	Possim, possis, etc.
Imparfait : Poteram, poteras, etc.	Possem, posses, etc.
Futur : Potero, poteris, etc.	
Parfait : Potui, potuisti, potuit, etc.	Potuerim, potueris, etc.
Plus-que-Parfait : Potueram, potueras, etc.	Potuissem, potuisses, etc.
Futur Antérieur : Potuero, potueris, etc.	.
Infinitif Présent : Posse.	Inf. Parfait : Potuisse.

Au neuvième chant de l'*Énéide*, deux jeunes héros troyens, Nisus et Euryale, sont allés combattre pendant la nuit. Euryale tombe aux mains des Rutules ; Nisus accourt à son aide et lance des javelots sur les ennemis. L'un d'eux, pour se venger, veut tuer Euryale ; alors Nisus sort des ténèbres qui le protègent et s'écrie :

Me, me! adsum qui feci! In me convertite ferrum,
O Rutuli! Mea fraus omnis; nihil iste nec ausus
Nec potuit: caelum hoc et conscia sidera testor.[1]

Me, me, moi, c'est moi ! *adsum*, je suis présent ; *qui feci* qui ai fait (cela) ; *o Rutuli*, ô Rutules ; *convertite ferrum in me*, tournez (votre) fer contre moi. *Fraus mea omnis*, la

---

[1] Virgile, *Énéide*, ix. 427 et suiv.

fraude (l'attaque nocturne) est toute mienne ; *iste,* celui-là ; *nec ausus nihil,* et n'a rien osé ; *nec potuit,* et n'a pu (le faire) ; *testor caelum hoc,* j'atteste ce ciel (étoilé) ; *et sidera conscia,* et les astres conscients (qui savent comme moi).

"Moi ! . . . c'est moi ! . . . Me voici qui ai tout fait ! Tournez vos armes contre moi, ô Rutules ; c'est moi le coupable ! Cet enfant n'a rien fait, n'a rien pu faire ; j'en atteste ce ciel et ces astres témoins ! "

Prière inutile ; Euryale tombe, percé d'une épée :

Purpureus veluti cum flos succisus aratro
Languescit moriens, lassove papavera collo
Demisere caput, pluviā cum forte gravantur.

Veluti cum flos purpureus, comme lorsqu'une fleur purpurine ; *succisus aratro,* tranchée par la charrue ; *languescit moriens,* languit mourante ; *lassove papavera collo,* ou [ve] que des pavots le col las ; *demisēre caput,* ont baissé la tête ; *cum forte gravantur pluviā,* lorsque par hasard ils sont alourdis par la pluie.

"Ainsi une fleur brillante, que la charrue a tranchée, languit et meurt ; ainsi le pavot, affaissé par une pluie violente, se penche sur sa tige et baisse la tête."

Si l'on voulait chicaner, on pourrait redire à *demisere,* qui est un parfait, alors que *languescit* et *gravantur* sont au présent ; mais Virgile exprime l'action *habituelle* de la pluie sur les pavots et le temps qu'il emploie pour céla est ce qu'on appelle le "parfait d'habitude." Le chicaneur serait donc un ignorant.

Nisus se précipite au milieu des ennemis, tue le meurtrier d'Euryale et tombe lui-même, percé de coups, sur le corps de son ami. Alors le poète parle en son nom :

Fortunati ambo! Si quid mea carmina possunt,
Nulla dies unquam memori vos eximet aevo!

Fortunati ambo, heureux tous les deux ! *Si mea carmina possunt quid,* si mes chants peuvent quelque chose ; *nulla dies unquam,* aucun jour jamais ; *vos eximet,* ne vous effacera ; *aevo memori,* du temps qui se souvient.

"Couple heureux ! Si mes vers ont quelque pouvoir, vous vivrez à jamais dans le souvenir des hommes ! "

Vous voyez qu'on doit traduire librement et parfois paraphraser ; notre langue n'a même pas un équivalent du beau mot *memor*.

Cornélie, si vous n'êtes pas de pierre, vous admirerez ces vers comme moi. Vous y trouverez des beautés qui sont particulières à Virgile, fleurs écloses de son âme tendre et passionnée. Lucrèce, Ovide, Lucain, Juvénal ont leurs beautés, qui sont d'un autre ordre ; quand Virgile est tout à fait virgilien, il les dépasse.

Vale et me ama,

S. R.

SEPTIÈME LETTRE

Ma chère Cornélie,

Nous allons conjuguer *amo*, verbe de la première conjugaison, en grand détail ; mais, après cela, je ne vous traiterai plus comme une petite fille qui ne sait pas réfléchir et je conjuguerai les autres verbes en abrégeant.

VERBE ACTIF AMO, " J'aime."
PRÉSENT DE L'INDICATIF.

Am-o	*J'aime*
Am-as	*Tu aimes*
Am-at	*Il aime*
Am-amus	*Nous aimons*
Am-atis	*Vous aimez*
Am-ant	*Ils aiment*

IMPARFAIT DE L'INDICATIF.

Am-abam	*J'aimais*
Am-abas	*Tu aimais*
Am-abat	*Il aimait*
Am-abamus	*Nous aimions*
Am-abatis	*Vous aimiez*
Am-abant	*Ils aimaient*

79

Parfait de l'Indicatif.

Am-avi	*J'ai aimé* ou *j'aimai*
Am-avisti	*Tu as aimé* ou *tu aimas*
Am-avit	*Il a aimé* ou *il aima*
Am-avimus	*Nous avons aimé* ou *nous aimâmes*
Am-avistis	*Vous avez aimé* ou *vous aimâtes*
Am-averunt⎫ *ou* am-avere⎭	*Ils ont aimé* ou *ils aimèrent*

Plus-que-Parfait de l'Indicatif.

Am-averam	*J'avais aimé*
Am-averas	*Tu avais aimé*
Am-averat	*Il avait aimé*
Am-averamus	*Nous avions aimé*
Am-averatis	*Vous aviez aimé*
Am-averant	*Ils avaient aimé*

Futur de l'Indicatif.

Am-abo	*J'aimerai*
Am-abis	*Tu aimeras*
Am-abit	*Il aimera*
Am-abimus	*Nous aimerons*
Am-abitis	*Vous aimerez*
Am-abunt	*Ils aimeront*

Futur Passé.

Am-avero	*J'aurai aimé*
Am-averis	*Tu auras aimé*
Am-averit	*Il aura aimé*
Am-averimus	*Nous aurons aimé*
Am-averitis	*Vous aurez aimé*
Am-averint	*Ils auront aimé*

Imperatif.

Am-a *ou* am-ato	*Aime !*
Am-ato	*Qu'il aime !*
Am-emus	*Aimons !*
Am-ate *ou* am-atote	*Aimez !*
Am-anto	*Qu'ils aiment !*

Présent du Subjonctif.

Am-em	*Que j'aime*
Am-es	*Que tu aimes*
Am-et	*Qu'il aime*
Am-emus	*Que nous aimions*
Am-etis	*Que vous aimiez*
Am-ent	*Qu'ils aiment*

G

IMPARFAIT DU SUBJONCTIF.

Am-arem	*Que j'aimasse* ou *j'aimerais*
Am-ares	*Que tu aimasses* ou *tu aimerais*
Am-aret	*Qu'il aimât* ou *il aimerait*
Am-aremu.	*Que nous aimassions* ou *nous aime-rions*
Am-aretis	*Que vous aimassiez* ou *vous aimeriez*
Am-arent	*Qu'ils aimassent* ou *ils aimeraient*

PARFAIT DU SUBJONCTIF.

Am-averim	*Que j'aie aimé*
Am-averis	*Que tu aies aimé*
Am-averit	*Qu'il ait aimé*
Am-averimus	*Que nous ayons aimé*
Am-averitis	*Que vous ayez aimé*
Am-averint	*Qu'ils aient aimé*

PLUS-QUE-PARFAIT DU SUBJONCTIF.

Am-avissem	*Que j'eusse aimé* ou *j'aurais aimé*
Am-avisses	*Que tu eusses aimé* ou *tu aurais aimé*
Am-avisset	*Qu'il eût aimé* ou *il aurait aimé*
Am-avissemus	*Que nous eussions aimé* ou *nous aurions aimé*

| Am-avissetis | *Que vous eussiez aimé* ou *vous auriez aimé* |
| Am-avissent | *Qu'ils eussent* ou *ils auraient aimé* |

INFINITIF PRÉSENT.

| Am-are | *Aimer* |

INFINITIF PARFAIT.

| Am-avisse | *Avoir aimé* |

PARTICIPE PRÉSENT.

| Am-ans, am-antis | *Aimant* |

se décline comme *prudens*

PARTICIPE FUTUR.

| Am-aturus, am-atura, am-aturum | *Devant aimer* |

se décline comme *bonus, bona, bonum*

SUPIN.

| Am-atum | *à aimer.* |

GÉRONDIF.

Am-andi	*d'aimer*
Am-ando	*en aimant*
(ad) Am-andum	*à aimer* ou *pour aimer*

Vous voyez que ce qu'on appelle le gérondif a le même sens que les cas de l'infinitif considéré

G 2

comme un nom. Quant au supin, c'est l'accusatif d'un substantif verbal inusité, *amatus,* qui se décline sur *manus;* l'accusatif *amatum* sert à l'actif, l'ablatif *amatu* (à être aimé) au passif. *Ire oratum* signifie "aller prier" (de *oro, orare,* prier); *dignus memoratu* signifie "digne d'être commémoré" (de *memoro, memorare,* commémorer). Mais ces expressions ne sont pas fréquentes du tout.

Maintenant que vous êtes "ferrée" sur *amo,* je vais vous donner parallèlement la deuxième, la troisième et la quatrième conjugaison. Je mets un astérisque aux formes *dangereuses,* à celles qui pourraient vous faire trébucher.

ACTIF.

IIᵉ CONJUG.	IIIᵉ CONJUG.	IVᵉ CONJUG.

PRÉSENT DE L'INDICATIF.

J avertis	*Je lis*	*J'entends*
Mon-eo	Lĕg-o	Aud-io
Mon-es	Leg-is	Aud-is
Mon-et	Leg-it	Aud-it
Mon-emus	Leg-imus	Aud-imus
Mon-etis	Leg-itis	Aud-itis
Mon-ent	Leg-unt	Aud-iunt

IIᵉ CONJUG.	IIIᵉ CONJUG.	IVᵉ CONJUG.

IMPARFAIT DE L'INDICATIF.

J'avertissais	*Je lisais*	*J'entendais*
Mon-ebam	Leg-ebam	Aud-iebam
Mon-ebas	Leg-ebas	Aud-iebas
Mon-ebat	Leg-ebat	Aud-iebat
Mon-ebamus	Leg-ebamus	Aud-iebamus
Mon-ebatis	Leg-ebatis	Aud-iebatis
Mon-ebant	Leg-ebant	Aud-iebant .

PARFAIT DE L'INDICATIF.

J'ai averti ou *j'avertis*	*J'ai lu* ou *je lus*	*J'ai entendu* ou *j'entendis*
Mon-ui *	Lĕg-i *	Aud-ivi *ou* aud-ii *
Mon-uisti	Leg-isti	Aud-ivisti *ou* -isti
Mon-uit	Leg-it	Aud-ivit *ou* -iit
Mon-uimus	Leg-imus	Aud-ivimus *ou* -iimus
Mon-uistis	Leg-istis	Aud-ivistis *ou* -iistis
Mon-uerunt *ou* mon-uēre	Leg-erunt *ou* Leg-ēre	Aud-iverunt *ou* -ierunt *ou* Aud-ivĕre *ou* -iĕre

PLUS-QUE-PARFAIT DE L'INDICATIF.

J'avais averti	*J'avais lu*	*J'avais entendu*
Mon-ueram	Leg-eram	Aud-ieram
Mon-ueras	Leg-eras	Aud-ieras
Mon-uerat	Leg-erat	Aud-ierat
Mon-ueramus	Leg-eramus	Aud-ieramus
Mon-ueratis	Leg-eratis	Aud-ieratis
Mon-uerant	Leg-erant	Aud-ierant

IIe CONJUG.	IIIe CONJUG.	IVe CONJUG.

FUTUR SIMPLE DE L'INDICATIF.

J'avertirai	*Je lirai*	*J'entendrai*
Mon-ebo	Leg-am *	Aud-iam *
Mon-ebis	Leg-es	Aud-ies
Mon-ebit	Leg-et	Aud-iet
Mon-ebimus	Leg-emus	Aud iemus
Mon-ebitis	Leg-etis	Aud-ietis
Mon-ebunt	Leg-ent *	Aud-ient

FUTUR ANTÉRIEUR DE L'INDICATIF.

J'aurai averti	*J'aurai lu*	*J'aurai entendu*
Mon-uero	Leg-ero	Aud-ivero *ou* -iero
Mon-ueris	Leg-eris	Aud-iveris *ou* -ieris
Mon-uerit	Leg-erit	Aud-iverit *ou* -ierit
Mon-uerimus	Leg-erimus	Aud-iverimus *ou* -ierimus
Mon-ueritis	Leg-eritis	Aud-iveritis *ou* -ieritis
Mon-uerint	Leg-erint	Aud-iverint *ou* -ierint

IMPÉRATIF.

Avertis !	*Lis !*	*Entends !*
Mon-e *ou* mon-eto	Leg-e *ou* -ito	Audi *ou* aud-ito
Mon-eto	Leg-ito	Aud-ito
Mon-ete *ou* -etote	Leg-ite *ou* -itote	Aud-ite *ou* -itote
Mon-ento	Leg-unto	Aud-iunto

IIᵉ CONJUG.	IIIᵉ CONJUG.	IVᵉ CONJUG.

Présent du Subjonctif.

Que j'avertisse	*Que je lise*	*Que j'entende*
Mon-eam	Leg-am *	Aud-iam
Mon-eas	Leg-as	Aud-ias
Mon-eat	Leg-at	Aud-iat
Mon-eamus	Leg-amus	Aud-iamus
Mon-eatis	Leg-atis	Aud-iatis
Mon-eant	Leg-ant *	Aud-iant

Imparfait du Subjonctif.

Que j'avertisse ou *j'avertirais*	*Que je lusse* ou *je lirais*	*Que j'entendisse* ou *j'entendrais* .
Mon-erem	Leg-erem	Aud-irem
Mon-eres	Leg-eres	Aud-ires
Mon-eret	Leg-eret	Aud-iret
Mon-eremu.	Leg-eremus	Aud-iremus
Mon-eretis	Leg-eretis	Aud-iretis
Mon-erent	Leg-erent	Aud-irent

Parfait du Subjonctif.

Que j'aie averti	*Que j'aie lu*	*Que j'aie entendu*
Mon-uerim *	Leg-erim *	Aud-ierim *
Mon-ueris	Leg-eris	Aud-ieris
Mon-uerit	Leg-erit	Aud-ierit
Mon-uerimus	Leg-erimu	Aud-ierimus
Mon-ueritis	Leg-eritis	Aud-ieritis
Mon-uerint	Leg-erint	Aud-ierint

IIᵉ CONJUG.	IIIᵉ CONJUG.	IVᵉ CONJUG.

PLUS-QUE-PARFAIT DU SUBJONCTIF.

Que j'eusse averti *ou j'aurais averti*	*Que j'eusse lu* ou *j'aurais lu*	*Que j'eusse entendu* ou *j'aurais entendu*
Mon-uissem ·	Leg-issem	Aud-ivissem *ou* -issem
Mon-uisses	Leg-isses	·Aud-ivisses *ou* -isses
Mon-uisset	Leg-isset	Aud-ivisset *ou* -isset
Mon-uissemus	Leg-issemus	Aud-ivissemus *ou* -issemus
Mon-uissetis	Leg-issetis	Aud-ivissetis *ou* -issetis
Mon-uissent	Leg-issent	Aud-ivissent *ou* -issent

PRÉSENT DE L'INFINITIF.

Avertir	*Lire*	*Entendre*
Mon-ere	Leg-ere	Aud-ire

PARFAIT DE L'INFINITIF.

Avoir averti	*Avoir lu*	*Avoir entendu*
Mon-uisse	Lĕg-isse	Aud-ivisse *ou* aud-isse

PARTICIPE PRÉSENT.

Avertissant	*Lisant*	*Entendant*
Mon-ens, *gén.* mon-entis, etc.	Leg-ens, *gén.* leg-entis, etc.	Aud-iens, *gén.* aud-ientis, etc.

IIe CONJUG.	IIIe CONJUG.	IVe CONJUG.
PARTICIPE FUTUR.		
Devant avertir	*Devant lire*	*Devant entendre*
Mon-iturus (a, um)	Lec-turus (a, um)	Aud-iturus (a, um)
SUPIN.		
À avertir	*À lire*	*À entendre*
Mon-itum	Lec-tum	Aud-itum
GÉRONDIF.		
D'avertir	*De lire*	*D'entendre*
en avertissant	*en lisant*	*en entendant*
pour avertir	*pour lire*	*pour entendre*
Mon-endi	Leg-endi	Aud-iendi
Mon-endo	Leg-endo	Aud-iendo
(*ad*) Mon-endum	(*ad*) Leg-endum	(*ad*) Aud-iendum

Une douzaine de verbes très usités, sur le modèle d'*accipio, accipere,* " recevoir," se conjuguent sur *lego* (et non sur *audio*), mais insèrent un *i* avant la terminaison à certains temps. Je souligne les formes d'*accipio* où l'*i* est inséré :

I. INDICATIF PRÉSENT : Accip-*io*, is, it, imus, itis, *iunt.*—IMPARFAIT : Accip-*iebam, iebas*, etc.— PARFAIT : Accep-i, isti, etc.—PLUS-QUE-PARFAIT : Accep-eram, es, etc.—FUTUR : Accip-*iam, ies,* etc. —FUTUR PASSÉ : Accep-ero, eris, etc.

II. Impératif : Accip-e *ou* ito, accip-ito, accip-ite *ou* -itote, accip-*iunto*.

III. Subjonctif Présent : Accip-*iam, ias,* etc. —Imparfait : Accip-erem, es, etc.—Parfait : Accep-erim, is, etc.—Plus-que-Parfait : Accep-issem, es, etc.

IV. Infinitif Présent : Accip-ere.—Parfait : Accep-isse. — Participe Présent : Accip-*iens, ientis,* etc.—Futur : Accep-turus, a, um.—Supin : Acceptum. — Gérondif : Accip-*iendi, iendo, iendum.*

* * *

Quatre verbes très usités, *dico* (je dis), *duco* (je conduis), *facio* (je fais), *fero* (je porte) font à l'impératif *dic, duc, fac, fer,* au lieu de *dice, duce,* etc.

* * *

Le bon abbé Lhomond, mort en 1794, auteur d'une *Grammaire latine* élémentaire qui a eu des centaines d'éditions, a résumé comme il suit ce qu'on appelle *la formation des temps.* Ne pouvant mieux dire, je le copie :

Présent de l'Infinitif.

Ôtez-en la dernière syllabe, vous aurez l'impératif :

Ama,　　　*mone,*　　　*lege,*　　　*audi.*

Ajoutez-y *m*, vous aurez l'imparfait du subjonctif :

Amare-m, monere-m, legere-m, audire-m.

Présent de l'Indicatif.

1° Dans les deux premières conjugaisons, changez *o* en *abo, ebo*, vous aurez le futur, *am-abo, mon-ebo ;* dans les deux dernières, changez *o* en *am : leg-am, audi-am.*

2° Dans la première conjugaison, changez *o* en *em*, vous aurez le présent du subjonctif *am-em ;* dans les trois autres, changez *o* en *am : mone-am. leg-am, audi-am.*

Parfait de l'Indicatif.

Changez *i* en *eram*, vous aurez le plus-que-parfait :

Amav-eram, monu-eram, leg-eram, audiv-eram.

Changez *i* en *ero*, vous aurez le futur passé :

Amav-ero, monu-ero, leg-ero, audiv-ero.

Changez *i* en *erim*, vous aurez le parfait du subjonctif :

Amav-erim, monu-erim, leg-erim, audiv-erim.

Changez *i* en *issem*, vous aurez le plus-que-parfait du subjonctif :

Amav-issem, monu-issem, leg-issem, audiv-issem.

Supin.

Changez *um* en *urus*, vous aurez le participe futur :

Am-aturus,   mon-iturus,   lec-turus,   aud-iturus.

* * *

Après cette ingestion de verbes actifs (ce ne sera pas, j'espère, une indigestion), vous avez droit, ma chère Cornélie, à un entremets de jolis vers. Voici de l'Ovide pour vous servir. Cela fait partie d'une lettre supposée de Léandre à son amie Héro : il lui rappelle comment il traversait l'Hellespont à la nage pour aller la saluer dans la tour qu'elle habitait :

Unda repercussae radiabat imagine Lunae
Et nitor in tacita nocte diurnus erat,
Nullaque vox, nostras nullum veniebat ad aures
Praeter dimotae corpore murmur aquae.[1]

Unda radiabat imagine Lunae repercussae, l'onde rayonnait de l'image de la lune reflétée ; *et in nocte tacitā*, et dans la nuit silencieuse ; *erat nitor diurnus*, était l'éclat du jour ; *nullaque vox, nullum murmur*, et aucune voix, aucun murmure ; *veniebat ad nostras aures*, (ne) venait à nos oreilles ; *praeter (murmur)*, hors le murmure ; *aquae dimotae corpore*, de l'eau écartée par (mon) corps.

---

[1] Ovide, *Héroïdes*, xviii. 77–80.

" L'onde rayonnait de l'image reflétée de la lune et la clarté, dans la nuit silencieuse, était celle du jour. Nulle voix, nul son ne frappait nos oreilles, que celui de l'eau écartée par mon corps."

Quel enchanteur que cet Ovide ! L'harmonie douce de ses vers ne vous fait-elle pas songer à Lamartine ? Comparez maintenant ce " clair de lune " de Virgile à celui d'Ovide :

Aspirant aurae in noctem, nec candida cursum Luna negat ; splendet tremulo sub lumine pontus.[1]

Aurae aspirant in noctem, les brises s'élèvent vers la nuit ; *nec candida luna negat cursum,* et la blanche lune ne refuse pas (d'éclairer) la course ; *pontus splendet sub lumine tremulo,* la mer resplendit. sous la lumière tremblante.

" Une brise légère s'élève aux approches de la nuit ; la lune, de sa blanche clarté, favorise le voyage, et la mer resplendit sous cette lumière tremblante."

Ne cherchons pas a donner le prix, Cornélie ; Virgile et Ovide écrivaient le latin comme nous ne l'écrirons jamais, ni vous ni moi.

S. R.

[1] Virgile, *Énéide*, vii. 8-9.

HUITIÈME LETTRE.

Ma chère Cornélie,

On peut simplifier la conjugaison du passif. Les formes composées avec le verbe *sum* sont tellement transparentes qu'il est inutile de s'en charger la mémoire, ou, du moins, de s'astreindre à les réciter. Nous allons commencer par *amor*, le passif d'*amo*, avec formes et traductions complètes ; après quoi je vous offrirai le tableau des trois autres conjugaisons passives en ne traduisant que les premières personnes du singulier.

VERBE PASSIF.

AMOR. " Je suis aimé."

Présent de l'Indicatif.

Am-or	*Je suis aimé* (ou *aimée*)
Am-aris *ou* am-are	*Tu es aimé*
Am-atur	*Il est aimé*
Am-amur	*Nous sommes aimés*
Am-amini	*Vous êtes aimés*
Am-antur	*Ils sont aimés*

94

Am-abar	*J'étais aimé*
Am-abaris *ou* am-abare	*Tu étais aimé*
Am-abatur	*Il était aimé*
Am-abamur	*Nous étions aimés*
Am-abamini	*Vous étiez aimés*
Am-abantur	*Ils étaient aimés*

Am-atus sum (es, est)	*J'ai été aimé* (et non pas *je suis aimé*, qui se dit *am-or*)
Am-ati sumus (estis, sunt)	*Nous avons été aimés*

Am-atus eram *ou* fueram (eras, erat)	*J'avais été aimé* (et non pas *j'étais aimé*, qui se dit *am-abar*)
Am-ati eramus *ou* fueramus (eratis, erant)	*Nous avions été aimés*

Am-abor	*Je serai aimé*
Am-aberis *ou* am-abere	*Tu seras aimé*
Am-abitur	*Il sera aimé*

Am-abimur   *Nous serons aimés*
Am-abimini   *Vous serez aimés*
Am-abuntur   *Ils seront aimés*

FUTUR ANTÉRIEUR DE L'INDICATIF.

Am-atus ero *ou* fuero   *J'aurai été aimé* (et non
(eris, erit)   *je serai aimé*, qui se
                                dit *am-abor*)
Am-ati erimus *ou* fueri-   *Nous aurons été aimés*
mus (eritis, erint)

IMPÉRATIF.

Am-are *ou* am-ator   *Sois aimé !*
Am-ator   *Qu'il soit aimé !*
Am-emur   *Soyons aimés !*
Am-amini   *Soyez aimés !*
Am-antor   *Qu'ils soient aimés !*

PRÉSENT DU SUBJONCTIF.

Am-er   *Que je sois aimé*
Am-eris *ou* am-ere   *Que tu sois aimé*
Am-etur   *Qu'il soit aimé*
Am-emur   *Que nous soyons aimés*
Am-emini   *Que vous soyez aimés*
Am-entur   *Qu'ils soient aimés*

Imparfait du Subjonctif.

Am-arer	*Que je fusse aimé*
Am-areris *ou* am-arere	*Que tu fusses aimé*
Am-aretur	*Qu'il fût aimé*
Am-aremur	*Que nous fussions aimés*
Am-aremini	*Que vous fussiez aimés*
Am-arentur	*Qu'ils fussent aimés*

Parfait du Subjonctif.

Am-atus sim *ou* fuerim	*Que j'aie été aimé*
Am-ati simus *ou* fuerimus	*Que nous ayons été aimés*

Plus-que-Parfait du Subjonctif.

Am-atus essem *ou* fuissem	*Que j'eusse été aimé*
Am-ati essemus *ou* fuissemus	*Que nous eussions été aimés*

Infinitif Présent.

Am-ari *ou* (*plus anciennement*) am-arier	*Être aimé*

Parfait de l'Infinitif.

Am-atus, am-ata, am-atum esse *ou* fuisse	*Avoir été aimé*

H

Futur de l'Infinitif.

Am-atum iri   *Devoir être aimé*

Participe Passé.

Am-atus, am-ata, am-   *Aimé*
atum

Participe Futur.

Am-andus,   am-anda,   *Devant être aimé*
am-andum

Supin.

Am-atu   *À être aimé*

* * *

Je passe aux trois autres conjugaisons passives :

IIe CONJUG.	IIIe CONJUG.	IVe CONJUG.

Présent de l'Indicatif.

Je suis averti	*Je suis lu*	*Je suis entendu*
Mon-eor	Leg-or	Aud-ior
Mon-eris *ou* -ere	Leg-eris *ou* -ere	Aud-iris *ou* -ire
Mon-etur	Leg-itur	Aud-itur
Mon-emur	Leg-imur	Aud-imur
Mon-emini	Leg-imini	Aud-imini
Mon-entur	Leg-untur	Aud-iuntur

IIᵉ CONJUG.	IIIᵉ CONJUG.	IVᵉ CONJUG.

IMPARFAIT DE L'INDICATIF.

J'étais averti	*J'étais lu*	*J'étais entendu*
Mon-ebar	Leg-ebar	Aud-iebar
Mon - ebaris *ou* -ebare	Leg-ebaris *ou* -ebare	Aud-iebaris *ou* -ie- bare
Mon-ebatur	Leg-ebatur	Aud-iebatur
Mon-ebamur	Leg-ebamur	Aud-iebamur
Mon-ebamini	Leg-ebamini	Aud-iebamini
Mon-ebantur	Leg-ebantur	Aud-iebantur

PARFAIT DE L'INDICATIF.

J'ai été averti	*J'ai été lu*	*J'ai été entendu*
Mon-itus sum *ou* fui, etc.	Lec-tus sum *ou* fui, etc.	Aud-itus sum *ou* fui, etc.

PLUS-QUE-PARFAIT DE L'INDICATIF.

J'avais été averti	*J'avais été lu*	*J'avais été entendu*
Mon-itus eram *ou* fueram, etc.	Lec-tus eram *ou* fueram, etc.	Aud-itus eram *ou* fueram, etc.

FUTUR DE L'INDICATIF.

Je serai averti	*Je serai lu*	*Je serai entendu*
Mon-ebor	Leg-ar	Aud-iar
Mon-eberis *ou* ebere	Leg-eris *ou* -ere	Aud-ieris *ou* -iere
Mon-ebitur	Leg-etur	Aud-ietur
Mon-ebimur	Leg-emur	Aud-iemur
Mon-ebimini	Leg-emini	Aud-iemini
Mon-ebuntur	Leg-entur	Aud-ientur

H 2

IIᵉ CONJUG.	IIIᵉ CONJUG.	IVᵉ CONJUG.

FUTUR ANTÉRIEUR.

J'aurai été averti	*J'aurai été lu*	*J'aurai été entendu*
Mon-itus ero *ou* fuero, etc.	Lec-tus ero *ou* fuero, etc.	Aud-itus ero *ou* fuero, etc.

IMPÉRATIF.

Sois averti	*Sois lu*	*Sois entendu*
Mon-ere *ou* -etor	Leg-ere *ou* -itor	Aud-ire *ou* -itor
Mon-etor	Leg-itor	Aud-itor
Mon-emini	Leg-imini	Aud-imini
Mon-entor	Leg-untor	Aud-iuntor

PRÉSENT DU SUBJONCTIF.

Que je sois averti	*Que je sois lu*	*Que je sois entendu*
Mon-ear	Leg-ar	Aud-iar
Mon-earis *ou* -eare	Leg-aris *ou* -are	Aud-iaris *ou* -iare
Mon-eatur	Leg-atur	Aud-iatur
Mon-eamur	Leg-amur	Aud-iamur
Mon-eamini	Leg-amini	Aud-imini
Mon-eantur	Leg-antur	Aud-iantur

IMPARFAIT DU SUBJONCTIF.

Que je fusse averti	*Que je fusse lu*	*Que je fusse entendu*
Mon-erer	Leg-erer	Aud-irer
Mon-ereris *ou* -erere	Leg-ereris *ou* -erere	Aud-ireris *ou* -irere
Mon-eretur	Leg-eretur	Aud-iretur
Mon-eremur	Leg-eremur	Aud-iremur
Mon-eremini	Leg-eremini	Aud-iremini
Mon-erentur	Leg-erentur	Aud-irentur

IIᵉ CONJUG.	IIIᵉ CONJUG.	IVᵉ CONJUG.

PARFAIT DU SUBJONCTIF.

Que j'aie été averti	*Que j'aie été lu*	*Que j'aie été entendu*
Mon-itus sim *ou* fuerim, etc.	Lec-tus sim *ou* fuerim etc.	Aud-itus sim *ou* fuerim, etc.

PLUS-QUE-PARFAIT DU SUBJONCTIF.

Que j'eusse été averti	*Que j'eusse été lu*	*Que j'eusse été entendu*
Mon-itus essem *ou* fuissem, etc.	Lec-tus essem *ou* fuissem, etc.	Aud-itus essem *ou* fuissem, etc.

INFINITIF PRÉSENT.

Être averti	*Être lu*	*Être entendu*
Mon-eri	Leg-i	Aud-iri

PARFAIT DE L'INFINITIF.

Avoir été averti	*Avoir été lu*	*Avoir été entendu*
Mon-itus, mon-ita, mon-itum esse *ou* fuisse	Lec - tus, lec - ta, lec-tum esse *ou* fuisse	Aud-itus, aud-ita, aud-itum esse *ou* fuisse

FUTUR DE L'INFINITIF.

Devoir être averti	*Devoir être lu*	*Devoir être entendu*
Mon-itum iri	Lec-tum iri	Aud-itum iri

IIᵉ CONJUG.	IIIᵉ CONJUG.	IVᵉ CONJUG.

PARTICIPE PASSÉ.

Averti	*Lu*	*Entendu*
Mon-itus, mon-ita, mon-itum	Lec-tus, lec-ta, lec-tum	Aud-itus, aud-ita aud-itum

PARTICIPE FUTUR.

Devant être averti	*Devant être lu*	*Devant être entendu*
Mon-endus (a, um)	Leg-endus (a, um)	Aud-iendus (a, um)

SUPIN.

À être averti	*À être lu*	*À être entendu*
Mon-itu	Lec-tu	Aud-itu

Les verbes *accipio* (je reçois), *adspicio* (je regarde), *facio* (je fais), *jacio* (je jette), etc., se conjuguent au passif sur *legor*, mais prennent un *i* avant la terminaison aux temps ou aux personnes où ils le prennent aussi à l'actif (voir page 89).

Ainsi l'on dit *accipior, accipiuntur, accipiebar, accipiar* (je suis reçu, ils sont reçus, j'étais reçu, je serai reçu [futur] *ou* que je sois reçu [subjonctif]).

Il y a des verbes, dits *verbes déponents*, dont la signification est active (comme *imitor*, j'imite) ou neutre (comme *morior*, je meurs), qui ont uniquement la forme passive et se conjuguent comme les verbes passifs. *La seule différence, c'est qu'ils ont aussi le participe présent actif en* ans, ens, *le participe futur en* rus, *le supin en* um *et le gérondif ;* leur participe passé de forme passive a le sens du participe passé actif français (*imitatus,* ayant imité).

Par exemple, *morior* signifie "je meurs"; *moriebar*, "je mourais"; *moriar*, "je mourrai"; *moriens*, "mourant"; *moriturus*, "devant mourir"; *mortuus*, "mort."

Utor signifie "je me sers"; *usurus*, "devant se servir"; *utens*, "se servant"; *usus*, "s'étant servi; *utendus*, "devant servir *ou* être utile." Tout cela ne présente aucune difficulté ; il est inutile de conjuguer tout au long les verbes déponents.

Il y a des verbes déponents qui se conjuguent comme *accipior ;* par exemple : *ingred-ior*, "je sors," infinitif *ingredi ; pat-ior*, "je souffre," infinitif *pati. Ingrediri et patiri* n'existent pas.

Dans certains verbes, dits *semi-déponents*, le parfait et les temps qui en dérivent ont la forme du passif, alors que les autres temps se conjuguent

comme ceux des verbes actifs. Tels sont *gaudeo,*
"je me réjouis," parfait *gavisus sum ; soleo,* "j'ai
coutume," parfait *solitus sum. Gauduit* ou *soluit*
seraient d'affreux barbarismes.

* * *

Pour la formation des temps du passif, il me
suffit de vous faire remarquer :

1° que l'impératif passif est toujours semblable
à l'infinitif actif : *amare* signifie à la fois " aimer "
et " sois aimé."

2° que les temps simples du passif se forment
de ceux de l'actif en ajoutant *r* à ceux qui sont
terminés en *o : amo, amor ; amabo, amabor* — et
en changeant *m* en *r* aux temps de l'actif qui sont
terminés en *m : amabam, amabar ; audirem,
audirer.*

3° que l'accusatif masc. sing. du participe passé
passif est identique au supin (que donnent les
dictionnaires) : *amatum,* nomin. sing. *amatus.*

* * *

Horace dit que le héros qui a rendu de grands
services au monde est en butte au dénigrement et à
l'envie ; mais après sa mort on lui rend hommage :
extinctus amabitur idem.[1] "Mort, le même
(homme) sera aimé."

[1] Horace, *Épîtres,* ii. 1, 14.

Une idée analogue est exprimée par Ovide :

Pascitur in vivis livor : post fata quiescit,
  Cum suus ex merito quemque tuetur honos.
Ergo etiam, cum me supremus adederit ignis,
  Vivam, parsque mei multa superstes erit.[1]

Livor pascitur in vivis, l'envie se repaît dans les (des) vivants ; *quiescit post fata,* elle repose après les destins (accomplis) ; *cum suus honos,* lorsque son propre honneur ; *ex merito,* d'après le mérite ; *tuetur quemque,* protège chacun. *Ergo etiam,* donc aussi ; *cum ignis supremus,* lorsque le feu suprême (du bûcher) ; *me adederit,* m'aura consumé (de *ad-edere,* manger entièrement) ; *vivam,* je vivrai ; *parsque multa mei,* et une part grande de moi-même ; *erit superstes,* sera survivante.

"L'envie se repaît des vivants ;[2] elle se calme après la mort, alors que chacun est protégé par la gloire qu'il a su mériter. Lors donc que la flamme suprême m'aura consumé, je vivrai et une grande partie de moi-même triomphera de la mort."

Cette idée consolatrice de la gloire posthume revient sans cesse dans les œuvres des anciens ; elle s'éteint au moyen-âge pour reparaître à l'aurore de la Renaissance et devenir de nouveau, pour les modernes, le plus noble stimulant de l'énergie exercée dans l'intérêt de tous.

[1] Ovide, *Amours,* i. 15, 32–42.
[2] Triste amante des morts, elle hait les vivants (*Voltaire*).

Voici, dans le même ordre d'idées, un des plus beaux passages de Lucain. César, abordant en Asie, va visiter les ruines de Troie :

Jam silvae steriles et putres robore trunci
Assaraci pressere domos, et templa deorum
Jam lassā radice tenent, ac tota teguntur
Pergama dumetis : etiam periere ruinae . . .
O sacer et magnus vatum labor ! Omnia fato
Eripis, et populis donas mortalibus aevum.
Invidiā sacrae, Caesar, ne tangere famae ;
Nam si quid Latiis fas est promittere Musis,
Quantum Smyrnaei durabunt vatis honores,
Venturi me teque legent : Pharsalia nostra
Vivet, et a nullo tenebris damnabitur aevo.[1]

Jam silvae steriles, déjà les forêts stériles ; *et trunci putres*, et les troncs pourris ; *pressere robore domos Assaraci*, ont pressé de (leur) bois les demeures d'Assaracus (fils de Tros et roi de Troie) ; *et tenent radice jam lassā*, et tiennent d'une racine déjà lasse ; *templa deorum*, les temples des dieux ; *ac Pergama tota*, et les Pergames tout entières (*Pergamum*, forteresse de Troie ; au pluriel en poésie) ; *teguntur dumetis*, sont couvertes de buissons ; *ruinae etiam periere*, les ruines mêmes ont péri. . . . *O labor sacer et magnus vatum*, ô labeur sacré et grand des poètes (*magnus*, nominatif, est ici pour le vocatif *magne*) ; *eripis omnia fato*, tu arraches tout au destin ; *et donas aevum populis morta-*

---

[1] Lucain, *Pharsale*, ix. 966-986.

libus, et tu donnes la durée aux peuples mortels. *Caesar, ne tangere invidiâ famae sacrae,* César, ne sois pas touché par l'envie d'une gloire sacrée (en parlant ainsi à Jules César, Lucain cherche une équivoque, car l'empereur Néron, qui était jaloux du poète, s'appelait aussi *César;* il lui fait donc un reproche dissimulé); *nam si fas est,* car s'il est permis; *promittere quid Musis Latiis,* de promettre quelque chose aux Muses latines; *quantum durabunt honores vatis Smyrnaei,* tant que dureront les honneurs du poète Smyrnéen (une tradition faisait naître Homère à Smyrne); *venturi me legent teque,* les (hommes) à venir me liront et toi aussi (liront mes vers et tes exploits, ceux de Jules César); *Pharsalia nostra vivet,* notre (ma) Pharsale vivra; *et damnabitur tenebris a nullo aevo,* et (ne) sera condamnée aux ténèbres par aucun âge.

" Déjà les forêts et les troncs pourris ont écrasé de leur poids les demeures d'Assaracus, embrassant de leurs racines lassées les temples des dieux ; Pergame tout entière est couverte de broussailles ; les ruines mêmes ont péri. . . . Ô labeur sacré et magnifique des poètes ! Tu arraches toutes choses au destin ; tu donnes l'immortalité aux peuples mortels. César, ne sois pas jaloux d'une gloire sacrée ; car s'il est permis de faire des promesses aux Muses latines, tant que des honneurs seront rendus au poète de Smyrne, les hommes à venir nous connaîtront l'un et l'autre ; ma Pharsale vivra et aucun siècle ne la condamnera à l'oubli."

Lucain n'est pas toujours aussi abondant que

dans ce passage, écrit dans une heure d'angoisse, alors qu'il savait que sa vie était en jeu, engagé qu'il était dans une conspiration contre l'empereur. Il cherche souvent l'effet dans la concision ; en voici un exemple.

Quand César, au début de la guerre civile, envahit l'Italie, il est reçu partout avec crainte ; Lucain, qui exècre l'usurpateur, dit que César préfère la crainte à l'amour :

Non illum laetis vadentem coetibus urbes,
Sed tacitae videre metu, nec constitit unquam
Obvia turba duci.   Gaudet tamen esse timori
Tam magno populis, et se non mallet amari.[1]

Urbes non illum videre vadentem, les villes ne le virent (pas) s'avançant ; *coetibus laetis,* avec des concours joyeux (de peuple) ; *sed tacitae metu,* mais muettes de crainte ; *nec unquam turba constitit,* et jamais une foule ne s'arrêta ; *obvia duci,* allant au-devant du chef ; *gaudet tamen,* (César) se réjouit cependant ; *esse tam magno timori populis,* d'être à si grande crainte aux peuples ; *et non mallet se amari,* et il ne préférerait pas soi être aimé.

" Les villes ne saluèrent pas sa marche par de joyeux concours de peuple, mais restèrent muettes, frappées de crainte.   Jamais une foule ne vint au-devant du chef.   Lui, cependant, se réjouit d'être

[1] Lucain, *Pharsale,* iii. 80-83.

un tel objet de terreur parmi les hommes ; il ne préfèrerait pas être aimé."

Lucain est un auteur très difficile ; les traductions qui existent de son poème sont mauvaises et il paraît presque impossible d'en faire une bonne.

Je ne vous ai pas encore donné d'exemple de la prose de Tacite, que Racine appelait avec raison " le plus grand peintre de l'antiquité." Je choisis un passage où il montre les Romains, au lendemain de la mort d'Auguste, " se ruant vers la servitude " aux pieds de son successeur Tibère :

At Romae ruere in servitium consules, patres, equites : quanto quis illustrior, tanto magis falsi ac festinantes ; vultuque composito, ne laeti excessu Principis neu tristiores primordio, lacrimas, gaudium, questus, adulationes miscebant.[1]

At Romae, mais à Rome ; *consules, patres, equites,* consuls, sénateurs, chevaliers ; *ruere in servitium,* (de se) ruer vers la servitude ; *quanto illustrior quis,* d'autant plus illustre (était) quelqu'un ; *tanto magis falsi ac festinantes,* d'autant plus (ils étaient) faux et empressés ; *vultuque composito,* et le visage composé ; *ne laeti excessu Principis,* de peur (qu'ils ne parussent) joyeux de la mort de l'empereur (Auguste) ; *neu tristiores primordio,* ni trop tristes du début (du règne de Tibère) ; *miscebant lacrimas, gaudium, questus, adulationes,* ils mêlaient les larmes, la joie, les plaintes, les adulations.

[1] Tacite, *Annales,* i. 7.

"Cependant, à Rome, consuls, sénateurs, chevaliers se ruent vers la servitude ; les plus illustres
sont les plus faux et les plus empressés.   On se
compose le visage, de peur de paraître, ou joyeux
à la mort d'un prince, ou triste avec excès au
début d'un règne ; les larmes, la joie, les regrets,
les flatteries se confondent."

Quel tableau, mais aussi quel langage ! Sentez-
vous la concentration de la pensée, l'accent et la
verdeur de chaque mot ? *Quanto quis illustrior*
est au singulier ; aussitôt après, nous avons le
pluriel avec *falsi* et *festinantes*, ce qui est correct,
mais imprévu ; puis, après la proposition *ne laeti*
. . . *primordio*, le verbe manque, il faut que la
pensée le complète.   Ce style est, en prose, l'équivalent de celui de Juvénal en vers ; mais Tacite
est un penseur plus profond que Juvénal et ne se
contente pas de développer avec éloquence des
lieux communs.

Un autre grand prosateur latin, Cicéron, char-
mant écrivain, penseur médiocre d'ailleurs, rappelle
Virgile par son style fluide son élégance naturelle
et soutenue.   Jugez-en :

*Quī potest esse vita vitalis, ut ait Ennius, quae
non in amici mutuā benevolentiā conquiescat ?
Quid dulcius quam habere quocum omnia audeas*

sic loqui, ut tecum ? Quis esset tantus fructus in prosperis rebus, nisi haberes qui illis aeque, ac tu ipse, gauderet ? Adversas vero ferre difficile esset, sine eo qui illas gravius etiam quam tu ferret.[1]

Qui vita potest esse vitalis, comment la vie peut-elle être vivable ; *ut ait Ennius*, comme dit Ennius (poète latin mort en 169 a.Ch.) ; *quae non conquiescat*, qui ne repose pas ; *in mutuā benevolentiā amici*, dans la bienveillance réciproque d'un ami ? *Quid dulcius quam habere*, quoi de plus doux que d'avoir ; *quocum audeas loqui omnia*, avec qui tu oses parler de toutes choses ; *sic ut tecum*, ainsi qu'avec toi-même ? *Quis esset fructus tantus*, quel serait le profit si grand ; *in rebus prosperis*, dans les circonstances heureuses ; *nisi haberes qui gauderet illis*, si tu n'avais (quelqu'un) qui se réjouît d'elles ; *aeque ac tu ipse*, autant que toi-même ? *Vero difficile esset*, d'autre part il serait difficile ; *ferre adversas* (s.-entendu *res*), de supporter les (circonstances) adverses ; *sine eo*, sans celui ; *qui gravius etiam quam tu*; qui plus péniblement même que toi ; *illas ferret*, les supporterait.

" Comment la vie peut-elle être *vivable*, suivant l'expression d'Ennius, lorsqu'elle ne se repose pas dans la bienveillance réciproque d'un ami ? Quoi de plus doux que d'avoir quelqu'un à qui l'on ose parler comme à soi-même ? La prospérité aurait-elle tant de charme, si l'on n'avait quelqu'un pour

[1] Cicéron, *De l'amitié*, chap. vi.

s'en réjouir autant que soi ? Et, d'autre part, il serait difficile de supporter l'adversité sans un ami qui s'en affligerait plus cruellement encore que vous-même."

Il a existé des savants, à l'époque de la Renaissance, qui, comme le Limousin Muret, mort en 1585, ont su tellement s'approprier le style de Cicéron qu'on a peine à distinguer l'original de leurs copies ; l'un de ces humanistes, qu'on appelait des *cicéroniens*, a même publié, sous le nom de Cicéron, un ouvrage de sa façon, qu'il prétendait avoir trouvé dans un manuscrit et qui a passé quelque temps pour authentique. Mais personne n'a jamais écrit *du Tacite ;* on peut imiter la surface d'un style, non sa profondeur. Lire Tacite la plume à la main et en faire des extraits est un plaisir que j'ai connu autrefois et que je vous souhaite de goûter à votre tour.

Bonsoir,

S. R.

NEUVIÈME LETTRE

Ma chère Cornélie,

J'ai déjà conjugué *sum* et *possum*. D'autres verbes irréguliers, non moins souvent employés, sont *fero* (je porte), *volo* (je veux), *nolo* (je ne veux pas), *malo* (je préfère), *eo* (je vais), *fio* (je deviens). Je souligne les formes irrégulières pour les recommander à votre attention.

FERO, *je porte* (parfait *tuli*, infinitif *ferre*, supin *latum*).

ACTIF.	*PASSIF.*
INDICATIF PRÉSENT : Fero, *fers*, *fert*, ferimus, *fertis*, ferunt	Feror, *ferris* ou *ferre*, *fertur*, ferimur, ferimini, feruntur
„ IMPARFAIT : Ferebam, as, at, etc.	Ferebar, aris, etc.
„ PARFAIT : Tuli, tulisti, etc.	Latus sum *ou* fui, etc.
„ PLUS-QUE-PARFAIT : Tuleram, as, at, etc.	Latus eram *ou* fueram, etc.
„ FUTUR : Feram, es, et, etc.	Ferar, fereris, etc.

ACTIF.	*PASSIF.*
INDICATIF FUTUR ANTÉRIEUR : Tulero, is, etc.	Latus ero *ou* fuero, etc.
IMPÉRATIF : *Fer* ou *ferto, ferto,* feramus, *ferte* ou *fertote*	*Ferre* ou *fertor, fertor,* feramur, ferimini, feruntor
SUBJONCTIF PRÉSENT : Feram, as, at, etc.	Ferar, feraris, etc.
„ IMPARFAIT : Ferrem, es, et, etc.	*Ferrer, ferreris* ou *ferere,* etc.
„ PARFAIT : Tulerim. is, it, etc.	Latus sim *ou* fuerim, etc.
„ PL.-QUE-PARFAIT : Tulissem, es, et, etc.	Latus essem *ou* fuissem, etc.
INFINITIF PRÉSENT : *Ferre*	*Ferri*
„ PARFAIT : Tulisse	Latum esse *ou* fuisse
PARTICIPE PRÉSENT : Ferens, entis, etc.	
„ FUTUR : Laturus, a, um	Latum iri
SUPIN : Latum	PARTICIPE PASSÉ : Latus, a, um
	„ FUTUR : Ferendus, a, um
GÉRONDIF : Ferendi, o, um	SUPIN : Latu

Toutes les formes irrégulières présentent la suppression d'un *i* ou d'un *e*. Les seules qui soient fréquentes dans les textes sont, à l'actif, *fers, fert, ferte, ferre* (pour *ferere*) ; au passif, *fertur, ferrer, ferri.*

VOLO, *je veux.*

INDICATIF PRÉSENT : Volo, *vis, vult, volumus, vultis,*
volunt

„ IMPARFAIT : Volebam, as, at, etc.

„ PARFAIT : Volui, voluisti, voluit, etc.

„ PLUS-QUE-PARFAIT : Volueram, as, at, etc.

„ FUTUR : Volam, voles, volet, etc.

„ FUTUR ANTÉRIEUR : Voluero, is, etc.

SUBJONCTIF PRÉSENT : *Velim, is, it,* etc.

„ IMPARFAIT : Vellem, es, et, etc.

„ PARFAIT : Voluerim, is, it, etc.

„ PLUS-QUE-PARFAIT : Voluissem, es, et, etc.

INFINITIF PRÉSENT : *Velle*

„ PARFAIT : Voluisse

PARTICIPE PRÉSENT : Volens, entis

Il n'y a pas d'autres formes.

NOLO (c'est-à-dire *non volo*), "je ne veux
pas," et MALO (c'est-à-dire *magis volo*), "je
préfère," se conjuguent comme il suit.

INDICATIF PRÉSENT :	Nolo, *non vis, non vult, nolumus non vultis,* nolunt	Malo, *mavis, mavult, malumus, mavultis,* malunt
„ IMPARFAIT :	Nolebam, as, etc.	Malebam, as, etc.
„ PARFAIT :	Nolui, noluisti, etc.	Malui, isti, etc.
„ PLUS-QUE-PARFAIT :	Nolueram, as, etc.	Malueram, as, etc.

I 2

Indicatif Futur : Nolam, noles, nolet, etc.	Malam, es, et, etc.
„ Fut. Antérieur : No-luero, is, it, etc.	Maluero, is, it, etc.
Impératif : Noli *ou* nolito, nolito, nolite *ou* noli-tote, nolunto	(*manque*)
Subjonctif Présent : *Nolim, is*, etc.	*Malim, malis*, etc.
„ Imparfait : Nollem, es, etc.	Mallem, es, etc.
„ Parfait : Noluerim, is, it, etc.	Maluerim, is, it, etc.
„ Plus-que-Parfait : No-luissem, es, et, etc.	Maluissem, es, et, etc.
Infinitif Présent : Nolle	Malle
„ Parfait : Noluisse	Maluisse
Participe Présent : Nolens	(*manque*)

Par une raison qui nous échappe, *nolam* et *malam* sont très rares, tandis qu'on trouve souvent *nolet, malet*.

EO, *je vais* (parfait *ivi*, supin *itum*, inf. *ire*).

Indicatif Présent : *Eo*, is, it, imus, itis, *eunt*

„ Imparfait : *Ibam, as. at*, etc.

„ Parfait : Ivi *ou* ii, iisti, iit, etc.

„ Plus-que-Parfait : Iveram *ou* ieram, as, at, etc.

„ Futur : Ibo, ibis, ibit, etc.

„ Futur Antérieur : Ivero *ou* iero, ieris, ierit, etc.

Impératif : *I* ou ito, ito, *eamus*, etc., *ou* itote, *eunto*
Subjonctif Présent : *Eam, eas,* etc.
    „   Imparfait : Irem, ires, etc.
    „   Parfait : Iverim *ou* ierim, ieris, etc.
    „   Plus-que-Parfait : Ivissem *ou* iissem, es, etc.
Infinitif Présent : Ire
    „   Parfait : Ivisse
Participe Présent : Iens, *euntis, eunti,* etc.
    „   Futur : Iturus, itura, iturum
Supin : Itum
Gérondif : *Eundi, eundo, (ad) eundum*

Virgile dit de la Renommée qu'elle acquiert des forces en marchant : *vires acquirit eundo.*[1]

Il n'existe du passif que des formes impersonnelles, d'ailleurs très employées : *itur* (on va), *ibitur* (on ira), *eundum est* (on doit aller). L'infinitif *iri* ne subsiste que dans des formes composées comme *amatum iri,* " devoir être aimé." Voici un vers célèbre de Virgile :

Macte novā virtute, puer, sic itur ad astra. [2]

Vocatif d'un inusité *mactus,* qui signifie " pourvu de," *macte* est synonyme de " sois pourvu de," c'est-à-dire " arme-toi ! "

" Arme-toi d'un nouveau courage, enfant ; c'est

---

[1] Virgile, *Énéide,* iv. 175.
[2] *Ibid.,* ix. 641.

ainsi que l'on monte aux astres ! " Voilà une belle devise pour un jeune aviateur.

Virgile dit ailleurs : *Itur in antiquam silvam,*[1] ce qui signifie : " On se rend dans une antique forêt."

Vous trouverez *itur* et *eundum* réunis dans ce beau passage de Sénèque :

Nihil magis praestandum est quam ne pecorum ritu sequamur antecedentium gregem, pergentes non quā eundum est, sed quā itur. Argumentum pessimi turba est.[2]

Nihil est magis praestandum, rien n'est plus devant être accompli ; *quam ne sequamur,* que nous ne suivions pas ; *ritu pecorum,* à la manière des bestiaux ; *gregem antecedentium,* le troupeau des précédents ; *pergentes non quā eundum est,* marchant non par où il faut aller ; *sed quā itur,* mais par où l'on va. *Turba est argumentum pessimi,* la foule est l'indice du pire.

" Rien n'est plus à éviter que de suivre, à la manière du bétail, le troupeau de ceux qui précèdent, en passant, non par où il faut aller, mais par où l'on va. . . . L'exemple de la foule est le plus mauvais de tous."

[1] Virgile, *Énéide,* vi. 179.
[2] Sénèque, *De la vie heureuse,* chap. 1 et 2.

Pénétrez-vous, ma chère Cornélie, du fond et de la forme de cette phrase ; c'est du latin aussi concis qu'expressif.

FIO, *je deviens* (parfait *factus sum,* infin. *fieri*).

Ce verbe, chez les bons auteurs, sert de passif à *facio* (faire) ou bien est neutre dans le sens de "devenir." Il s'écarte de la quatrième conjugaison à l'imparfait du subjonctif et à l'infinitif, qui sont empruntés à la seconde.

INDICATIF PRÉSENT : Fio, fis, fit, fimus, fitis, fiunt
     „   IMPARFAIT : Fiebam, as, at, etc.
     „   PARFAIT : *Factus sum, es,* etc.
     „   PLUS-QUE-PARFAIT : Factus eram, etc.
     „   FUTUR : Fiam, fies, fiet, etc.
     „   FUTUR ANTÉRIEUR : Factus ero, eris, etc.
IMPÉRATIF : (Inusité sauf *fite,* "devenez ")
SUBJONCTIF PRÉSENT : Fiam, fias, fiat, etc.
     „   IMPARFAIT : *Fierem, fieres,* etc.
     „   PARFAIT : Factus sim, etc.
     „   PLUS-QUE-PARFAIT : Factus essem, etc.
INFINITIF PRÉSENT : *Fieri*
     „   PARFAIT ; Factum esse *ou* fuisse
     „   FUTUR : Factum iri
PARTICIPE PASSÉ : Factus
     „   FUTUR : Faciendus
SUPIN : *Factu*
GÉRONDIF : *Faciendi, faciendo,* (*ad*) *faciendum*

Ovide écrit, à propos d'une chose inattendue :

Ōmnĭă jăm fĭūnt, fĭĕrĭ quœ̄ pōssĕ nĕgābăm.[1]

" Toutes choses déjà se font, que je niais pouvoir se faire," c'est-à-dire : " Tout ce qui me semblait impossible se réalise." Remarquez, en scandant, que *i* est long dans *fiunt* et bref dans *fieri.* On peut appliquer ce vers aux miracles de la science moderne dont nous sommes témoins.

VERBES DÉFECTIFS.

Les verbes irréguliers que vous venez de voir sont en même temps défectifs ; mais on appelle plus particulièrement ainsi les verbes qui possèdent seulement *un petit nombre* de temps.

Ces verbes sont ·

AIO, *j'affirme,* usité seulement à quatre personnes de l'indicatif présent : *aio, ais, ait, aiunt ;* à l'imparfait, *aiebam,* et à la 3ème personne du parfait : *ait.*

INQUAM, *je dis.* Très usité à l'indicatif présent : *inquam, inquis, inquit, inquimus, inquitis, inquiunt.* On trouve l'imparfait *inquibat,* le futur *inquies, inquiet* et le parfait *inquit.*

[1] Ovide, *Tristes,* i 8, 7.

	MEMINI	ODI	COEPI	NOVI
INDICATIF. **FUTUR ANT.** . .	Meminero (*je me souvi-* *endrai*)	Odero (*je haïrai*)	Coepero (*je commen-* *cerai*)	Novero *ou* noro (*je con-* *naîtrai*)
PARFAIT. . .	Memini, isti, it, etc. (*je me souviens*)	odi, isti, etc. (*je hais*)	coepi, isti, etc. (*je commence*)	novi, isti, it, etc. (*je sais*)
PL.-Q.-PARFAIT	Memineram, etc. (*je me souve-* *nais*)	oderam, etc. (*je haïssais*)	coeperam, etc. (*je commençais*)	noveram *ou* noram (*je connais-* *sais*)
IMPÉRATIF.	Memento, mementote (*souviens-toi*)	(*manque*)	(*manque*)	(*manque*)
SUBJONCTIF. **PARFAIT.** . .	meminerim, etc. (*Que je me* *souvienne,* *je me souvien-* *drais*)	oderim, etc. (*que je haïsse,* *je haïrais*)	coeperam, etc. (*que je com-* *mence, je com-* *mencerais*)	noverim *ou* norim (*que je con-* *naisse, je* *connaîtrais*)
PL.-Q.-PARFAIT	meminissem, etc. (*Que je me* *fusse souvenu*)	odissem, etc. (*Que j'eusse* *haï*)	coepissem, etc. (*Que j'eusse* *commencé*)	novissem, etc. (*Que j'eusse* *connu*)
INFINITIF. **PARFAIT** . .	Meminisse (*se souvenir*)	odisse (*haïr*)	coepisse (*commencer*)	novisse (*connaître*)
PARTICIPE. **FUTUR** . . . . **PASSÉ** . . .	(*manque*) (*manque*)	osurus osus (*dans* *les composés* *comme* *perosus*)	coepturus coeptus	(*manque*) (*manque*)

Voilà les formes usitées de quatre verbes
qui n'ont pas de présent : MEMINI, "je me

souviens"; ODI, "je hais"; COEPI, "je commence"; NOVI, "je sais." Ce dernier a la forme
d'un parfait de *nosco*, "je connais"; mais il y
a une différence de sens. Je peux dire *novi
Corneliam*, parce que je vous connais depuis
longtemps; mais si vous me présentiez votre amie
Rachel, que je n'ai jamais vue, je devrais dire
nosco Rachel (les noms bibliques sont indéclinables.) En un mot, *nosco* signifie "je commence
à connaître" et *novi* "je connais déjà."

Vous voyez que le futur antérieur a le sens
d'un futur, le parfait celui d'un présent, le plus-
que-parfait celui d'un imparfait.

Un berger d'une églogue de Virgile dit, en
parlant d'un air qu'il a entendu chanter: *Numeros
memini, si verba tenerem !* [1] "Je me souviens
de l'air (*des nombres*); si (seulement) je retenais
les paroles !"

Le poète Catulle, contemporain de Jules César,
a écrit ce distique passionné et douloureux :

*Odi et amo.   Quare id faciam, fortasse re-
   quiris :*
Nescio ; sed fieri sentio et excrucior. [2]

----

[1] Virgile, *Bucoliques*, ix. 45.
[2] Catulle, *Poèmes*, lxxxv.

Odi et amo, j'aime et je hais. *Requiris fortasse,* tu demandes peut-être ; *quare faciam id,* pourquoi je fais cela. *Nescio,* je ne sais ; *sed sentio fieri,* mais je sens (cela) se faire ; *et excrucior,* et je suis tourmenté.

" J'aime et je hais en même temps. ' Comment cela ? ' demandes-tu. Je l'ignore, mais je le sens, et je suis au supplice."

Le président Hénault, mort en 1770, est l'auteur d'un bel hexamètre que l'on attribue souvent à Horace :

Indocti discant et ament meminisse periti.

"Que ceux qui ne savent pas apprennent et que ceux qui savent aiment à se souvenir."

Dans *l'Énéide,* lorsque le père d'Énée, Anchise, reçoit son fils aux Enfers et lui révèle les grandes destinées qui attendent ses descendants, les Romains, il termine sa prophétie par ces vers admirables, qui font contraster le génie politique de Rome avec le génie artistique et scientifique de la Grèce :

Tu regere imperio populos, Romane, memento ;
Hae tibi erunt artes, pacisque imponere
    morem
Parcere subjectis et debellare superbos.[1]

[1] Virgile, *Énéide,* vi. 850-852

« Toi, Romain, souviens-toi de soumettre les peuples à ton empire. Ce seront là tes arts : imposer les lois de la paix, épargner les vaincus et dompter les superbes. »

VERBES IMPERSONNELS.

On appelle ainsi les verbes qui n'ont que la 3ème personne du singulier ; ils sont très fréquemment employés, en particulier :

OPORTET (il faut) ; *oportebat, oportuit, oportuerat,* etc., *oportere, oportuisse.*

DECET (il convient ; d'où *décence*), *decebat, decuit, decuerat,* etc., *decere.*

LICET (il est permis ; d'où *licence*), *licebat, licuit, licuerat,* etc. *licere.*

LIBET (il plaît ; d'où *ad libitum*), *libebat, libuit, libuerat,* etc., *libere.*

LIQUET (il est clair ; d'où *liquide*), *liquebat, liquit, liquerat,* etc., *liquere.*

Il faut à ces verbes en joindre cinq autres qui sont d'un emploi constant et qui se conjuguent, *à la troisième personne du singulier seulement,* avec *me, te, illum, illam,* ou un nom au singulier, *nos, vos, illos, illas* ou un nom au pluriel. Ce sont :

Paenitet (d'où *pénitence*), je me repens ; *pudet* (d'où *pudeur*), j'ai honte ; *piget*, je suis fâché ; *taedet,* (d'où l'anglais *tedious*), je suis ennuyé ; *miseret* (de *miser*, misérable), j'ai compassion.

Ainsi l'on dira : *Paulum paenituit*, Paul se repentit ; *me miseret pauperum*, j'ai pitié des pauvres ; *puderet illum culpae suae*, il aurait honte de sa faute ; *me taedet vitae*, j'ai assez de la vie.

Mais il n'est pas indispensable que le pronom ou le nom complément soit exprimé. Ovide, exilé parmi les Gètes sur la Mer Noire, avait écrit un petit poème dans la langue de ces barbares et il s'en accuse (que ne donnerions-nous pas pour le posséder !) :

Ah! pudet, et Getico scripsi sermone libellum! [1]

" Ah ! j'ai honte, j'ai aussi écrit un petit livre en langue gétique ! "

Paenitens signifie " se repentant " ; *paenitendus* (*a, um*) signifie " dont on doit se repentir " ;

[1] Ovide, *Pontiques*, iv. 13. 19.

pudendus (*a*, *um*) signifie "dont on doit avoir honte," c'est-à-dire "honteux."

Juvénal écrit à un noble dégénéré

Incipit ipsorum contra te stare parentum
Nobilitas, claramque facem praeferre pudendis.[1]

Nobilitas parentum ipsorum, la noblesse de tes ancêtres eux-mêmes ; *incipit stare contra te*, commence à se dresser contre toi ; (*que*) *praeferre facem claram*, et porter une torche éclatante ; *pudendis*, sur (tes) actions honteuses.

"La noblesse même de tes ancêtres vient déposer contre toi et jeter sur ton ignominie une éclatante lumière."

* * *

J'ai fini avec les verbes, ma chère Cornélie ; mais il ne faut pas vous figurer que leur étude ne présente pas d'autres difficultés. Munie de votre dictionnaire, vous pourrez toujours savoir, par exemple, que *disco*, j'apprends, fait au parfait *didici ;* que *posco*, je demande, fait au parfait *poposci ;* que *augeo*, j'augmente, fait au parfait *auxi ;* que *rumpo*, je romps, fait au parfait *rupi*, etc. Mais ceux qui savent le latin n'ont pas besoin pour cela de leur dictionnaire, ou plutôt

---

[1] Juvénal, *Satires*, viii. 137-8.

ils s'en sont servis assez longtemps pour n'y avoir plus recours que de loin en loin. Je ne songe pas à vous faire apprendre des " listes de temps primitifs " ; ce serait à vous dégoûter pour toujours des études latines. Mais je vous recommande, quand vous lirez du latin en vous aidant d'une traduction — éditions Hachette, Garnier ou Didot [1] — de ne pas passer à côté d'une forme verbale qui vous frappe sans chercher, dans votre lexique, les temps primitifs du verbe : indicatif présent, parfait et supin. Si vous avez du zèle, poussez-le jusqu'à inscrire ces formes sur une fiche ; on n'apprend vraiment bien que ce qu'on a noté soi-même. *Experto crede,* ce qui signifie : " Crois en celui qui en a fait l'expérience "

S. R.

---

[1] Je vous signale particulièrement les auteurs publiés par Hachette avec traduction juxtalinéaire et traduction en " bon français " ; vous pouvez lire ainsi Horace, Virgile, César, etc.

DIXIÈME LETTRE.

Ma chère Cornélie,

Les grammaires, même les plus simples, ont le tort d'enseigner la syntaxe latine en tenant trop grand compte de la syntaxe française et des manières de parler propres à notre langue, qu'on appelle *gallicismes*. Ainsi l'on nous apprend que " le livre de Pierre " se dit *liber Petri*, mais que " la ville de Rome " se dit *urbs Roma*, parce que *de*, lorsqu'il signifie " qui s'appelle," ne se rend pas en latin. C'est bon pour les écoliers qui doivent faire des thèmes ; mais vous, qui devez seulement lire et traduire, je ne crois pas qu'il vous vienne à l'esprit de rendre *urbs Roma* par " la ville Rome " ; vous savez trop bien le français pour cela. Vous ne feriez pas non plus comme ce candidat au baccalauréat qui, ayant à traduire *rex Prusias* — vous savez, ce Prusias roi de Bithynie qui joue un si triste rôle dans le *Nicomède* de Corneille — écrivit bravement : " le roi de Prusse." Il n'y a que les garçons pour commettre de ces étourderies-là !

128

ADJECTIFS.

Sachez que beaucoup d'adjectifs se construisent avec le génitif ou le gérondif en *di* : *avidus laudum* (avide de louanges) ; *cupidus videndi* (désireux de voir).   Il en est de même des participes présents : *amans doctrinae* (aimant la science).

D'autres adjectifs se construisent avec le datif ou l'accusatif avec *ad*, par exemple : *id mihi utile est* (cela m'est utile) ; *pronus ad iram* (porté à la colère).   On dit aussi, avec le gérondif en *dum* : *pronus ad irascendum* (d'*irascor*, je me mets en colère).

D'autres adjectifs enfin se construisent avec l'ablatif : *dignus laude* (digne d'éloge), ou avec le supin en *u* : *mirabile dictu* ou *visu* (chose étonnante à dire *ou* à voir).

En poésie surtout, on trouve des adjectifs construits avec l'accusatif dit " explicatif " : *nuda pedem*, " nue quant au pied," c'est-à-dire " le pied nu "; *nigrantes terga juvenci*, " des bouvillons noirs quant aux dos " (pluriel pour le singulier), c'est-à-dire " des bouvillons au noir pelage." Voici un exemple de Virgile, décrivant un messager de Jupiter :

K

Omnia Mercurio similis, vocemque coloremque
Et crines flavos et membra decora juventae.[1]

Similis omnia Mercurio, semblable en tout à Mercure ;
vocemque, et quant à la voix ; *coloremque,* et quant à la
couleur ; *et crines flavos,* et quant aux cheveux blonds ;
et membra decora juventae, et quant aux membres beaux
de jeunesse.

"Semblable en tous points à Mercure ; même
voix, même teint, même chevelure blonde, même
beauté juvénile des membres."

Après un comparatif on trouve le nom à l'ablatif :
doctior Petro (plus savant que Pierre); on dit aussi
doctior quam Petrus. Quand on compare deux
adjectifs, on les met tous les deux au comparatif :
felicior est quam prudentior (il est plus heureux
que prudent).

Après un superlatif, le nom pluriel se met au
génitif, à l'ablatif avec *ex* ou à l'accusatif avec
inter : altissima arborum, ou *ex arboribus,* ou
inter arbores (le plus haut des arbres).

Le superlatif latin suivi de *quisque* (chacun)
équivaut à un superlatif pluriel en français :
optimus quisque illi favet (les plus honnêtes gens
le favorisent ; mot à mot, chacun le meilleur le
favorise).

[1] Virgile, *Énéide,* iv. 558-9.

VERBES.

Tous les verbes actifs et plusieurs verbes déponents se construisent avec l'accusatif : *amo
patrem* (j'aime mon père) ; *imitor magistrum*
(j'imite mon maître). Il en est de même des verbes
juvare, manere, fugere, etc. Exemples : *Musica
me juvat et delectat* (la musique me réjouit et me
divertit).—*Gloria aeterna nos manet* (une gloire
éternelle nous attend). — *Multa nos fugiunt,
fallunt, praetereunt* (bien des choses nous échap-
pent, nous trompent et nous passent).

La plupart des verbes neutres et des verbes
déponents, ainsi que beaucoup d'autres verbes, se
construisent avec le datif , il faut savoir par cœur
les exemples suivants : *Studeo grammaticae*
.(j'étudie la grammaire) ; *defuit officio* (il a
manqué à son devoir) ; *calamitas tibi imminet*
(un malheur te menace) ; *hoc mihi contigit* (cette
chose [heureuse] m'est arrivée) ; *hoc mihi accidit*
(cette chose [fâcheuse] m'est arrivée) ; *homo
minatur mihi* (un homme me menace).

Le verbe *esse,* signifiant " causer," se construit
avec deux datifs : *hoc erit tibi dolori* (cela te
causera de la peine). On trouve aussi deux datifs
dans des expressions comme celle-ci : *vitio vertere*

K 2

aliquid alicui (faire un crime à quelqu'un de quelque chose).

Les verbes signifiant abondance ou disette, le verbe *gaudere* et quelques verbes déponents se construisent avec l'ablatif : *nullā re caret* (il ne manque de rien) ; *gaudere felicitate alienā* (se réjouir du bonheur d'autrui) ; *fungor officio* (je m'acquitte de mon devoir).

Le verbe *misereri* se construit avec le génitif : *miserere pauperum* (aie pitié des pauvres). Les verbes signifiant " se souvenir " se construisent avec le génitif ou l'accusatif : *vivorum memini nec possum oblivisci mortuos* (je me souviens des vivants et ne puis oublier les morts).

Complément Indirect.

En général, on le met au datif : *do vestem pauperi* (je donne un vêtement au pauvre). Mais les verbes *minari* et *gratulari* veulent leur complément direct au datif et le complément indirect à l'accusatif : *minari mortem alicui* (menacer quelqu'un de mort); *gratulari victoriam alicui* (féliciter quelqu'un d'une victoire).

Les verbes *docere* (enseigner), *celare* (cacher), *rogare* (demander) se construisent avec deux accusatifs : *doceo pueros grammaticam* (j'enseigne aux enfants la grammaire).

Les verbes signifiant *accuser, condamner, absoudre, convaincre,* veulent le complément indirect au génitif ou à l'ablatif : *insimulare aliquem furti* ou *furto* (accuser quelqu'un de vol).

Avec le verbe *moneo,* le pronom complément indirect se met à l'accusatif : *hoc unum te moneo* (je t'avertis d'une chose).

Complément des Verbes Passifs.

En général, ce complément se met à l'ablatif avec *a* ou *ab* si c'est un nom de personne, à l'ablatif sans préposition si c'est un nom de chose : *amor a patre ; moerore conficior* (je suis aimé de mon père ; je suis accablé de chagrin). Mais avec quelques verbes et les participes en *dus, da, dum,* le datif est plus usité : *Haec sententia mihi probatur* (cet avis est approuvé par moi) ; *mihi colenda est virtus* (la vertu doit être pratiquée par moi ; je dois pratiquer la vertu).

Complément des Verbes Impersonnels.

Les cinq verbes *paenitet, pudet, piget, taedet, miseret* (p. 125) se construisent ainsi : *me paenitet culpae meae* (je me repens de ma faute ; mot à mot : il me repent de ma faute).

Est, refert, interest, employés impersonnellement pour signifier " il appartient à, il est de l'intérêt de," se construisent ainsi : *interest discipuli* (il importe à l'élève) ; *ad honorem nostrum interest* (il importe à notre honneur) ; *refert mea unius* (il importe à moi seul, construction exceptionnelle).

Opus est, signifiant " il est besoin de," se construit ainsi : *mihi opus est amico* (j'ai besoin d'un ami).

Verbe Complément d'un Autre Verbe.

On emploie souvent le gérondif : *te hortor ad legendum* (je t'exhorte à lire) ; *consumit tempus legendo* (il passe son temps à lire, c'est-à-dire en lisant).

PRONOMS.

Voici quelques exemples *types* qu'il est bon de retenir : *Puer quem paenitet* (l'enfant qui se repent) ; *mitte quem voles* (envoie qui tu voudras) ; *uter est doctior, tune an frater ?* (lequel est plus savant, de toi ou de ton frère ?) ; *cui non*

opus est amicis? (qui n'a pas besoin d'amis?);
quid virtute pulchrius? (quoi de plus beau que
la vertu?); *quota hora est?* (quelle heure est-il?).
— Je vous répète qu'il vous suffit de réciter
l'exemple latin à l'appel de l'exemple français, et
réciproquement. Ces petites phrases bien sues
servent de talismans pour la lecture des auteurs ;
elles me reviennent sans cesse à l'esprit quand je
lis du latin.

Interrogation, Réponse, Défense.

Vous ne serez pas embarrassée par ces petits
mots intraduisibles, *an, ne, num,* si vous retenez
les exemples suivants : *Vidistine patrem ? Vidi*
(as-tu vu ton père ? Je l'ai vu). — *Nonne vides
solem ?* (ne vois-tu pas le soleil ? — *Bonusne est
an malus ?* (est-il bon ou méchant ?). — *Verumne
est annon ?* (est-ce vrai ou non ?). — *Verumne est,
an falsum ?* (est-ce vrai ou faux ?). — *Quaeritur
verum sit necne* (il demande si c'est vrai ou non).
— *Mene fugis ? Non te fugio* (est-ce moi que tu
fuis ? Je ne te fuis pas). Le latin ne répond pas
d'ordinaire : *oui* (qui se dit *ita, certe, maxime*) ni
non (qui se dit *minime*), mais répète le verbe de
la question : *Dormisne ? Non dormio.* " Dors-tu ?
Je ne dors pas."

La réponse se met au même cas que le verbe demanderait dans une phrase ordinaire : *Quem miseret pigrorum ? Neminem* (qui a pitié des paresseux? Personne). — *Cujusnam est loqui ? Tuum* (à qui est-ce de parler ? À toi ; c'est-à-dire, *tuum est loqui*).

La défense s'exprime par *ne* avec le subjonctif ou l'indicatif ; ou trouve aussi les impératifs *noli, parce,* suivis d'un infinitif : *Domo ne exeat* (qu'il ne sorte pas de la maison) ; *ne saevi* (ne te fâche pas) ; *noli me tangere* (ne me touche pas) ; *parce plorare* (ne pleure pas, épargne-toi [la peine] de pleurer).

PARTICIPES.

Le latin emploie les participes beaucoup plus volontiers que le français ; cela donne plus d'unité et de cohésion à la phrase. Exemples classiques : *Clamor militum urbem invadentium* (la clameur des soldats *qui envahissaient* la ville) ; *urbem captam hostis diripuit* (l'ennemi pilla la ville *qu'il avait prise*).

Une des particularités de la langue latine est l'emploi fréquent du participe à *l'ablatif absolu.* Il en reste des traces en français : "Le repas fini, nous allâmes au bois." Mais le latin se sert volontiers de l'ablatif absolu là où le*français réunit deux propositions par *et* ou *qui*. Exemples : *Partibus factis, sic locutus est leo* (les parts furent faites et le lion parla ainsi ; nous dirions aussi ; les parts faites, le lion parla). *Urbe capta, hostis castra movit* (la ville *fut* prise et l'ennemi leva le camp ; la ville *prise,* l'ennemi leva le camp). L'ablatif absolu, marquant comme une parenthèse, se trouve aussi sans que le verbe soit exprimé. *Romulo rege* (ou *regnante*), *romanum imperium crevit* (sous le règne de Romulus [*Romulus étant roi*], la puissance romaine s'accrut). Vous savez déjà que le verbe *sum* n'a pas de participe présent en latin classique ; *ens*, d'où le neutre pluriel *entia,* " substances, entités," appartient à la langue philosophique du moyen âge.

L'ablatif absolu est souvent employé en latin dans un sens un peu vague, marquant simplement une relation avec ce qui précède ou ce qui suit. Par exemple : *dejecto lumina vultu* (Virgile), les yeux *avec* une expression déjetée, le regard attristé.

PRÉPOSITIONS.

QUESTIONS DE LIEU : Les prépositions françaises répondent aux questions de lieu *ubi* (où l'on est), *quo* (où l'on va), *unde* (d'où l'on vient), *quâ* (par où l'on passe) : " Je suis *à* Rome, je vais *à* Rome, je viens *de* Rome, je passe *par* Rome." En latin, on se sert moins souvent des prépositions et l'on emploie les noms de ville ou de lieu à différents cas. Les exemples suivants suffiront à vous avertir : *Natus est Athenis* (il est né à Athènes) ; *habitat Lugduni* (il habite à Lyon). Ce *Lugduni* n'est pas un génitif ; c'est un ancien cas appelé *locatif*, qui subsiste dans certaines langues de la famille à laquelle appartient le latin, par exemple le sanscrit (de l'Inde) et le lithuanien. Il en reste d'autres traces en latin dans les prépositions comme *ubi* (où), *ibi* (là) et dans des expressions comme *domi* (à la maison), *humi* (à terre). On dit *procumbit humi* (il tombe à terre), et non pas *humo.*—On dit encore : *Redeo Româ, rure* (je reviens de Rome, de la campagne) ; *sitientes ibimus Afros* [1] ou *ad Afros* (nous irons chez les Africains altérés) ; *ibam forte via sacrâ* [2] (je passais par hasard par la voie sacrée, grande rue de Rome).

QUESTIONS DE TEMPS : L'indication du temps ne se met pas au nominatif, mais à l'ablatif ou à l'accusatif : *Veniet horâ tertiâ* (il viendra à la

---

[1] Virgile, *Bucoliques,* i. 65.
[2] Horace, *Satires,* i. 9. 1.

troisième heure); *regnavit tres annos* (il régna trois ans); *multos annos utor familiariter patre tuo* (je suis lié avec ton père depuis nombre d'années); *annos centum natus decessit* ou *annum centesimum agens decessit* (il est mort à l'âge de cent ans).

MESURE, VALEUR: Ces indications comportent l'emploi de l'accusatif ou de l'ablatif: *Velum longum tres ulnas* (un voile long de trois aunes); *decem ab hoc loco passus* ou *passibus cecidit* (il est tombé à dix pas d'ici); *hic liber constat viginti assibus* (ce livre coûte vingt as). L'as, monnaie romaine, valait environ six centimes.

ADVERBES.

Excepté *obviam*, qui se construit avec le datif (*ire obviam alicui*, aller à la rencontre de quelqu'un) et *pridie, postridie*, qui veulent le génitif ou l'accusatif (*pridie Calendarum* ou *Calendas*, la veille des Calendes, c'est-à-dire la veille du 1er du mois), tous les adverbes se construisent avec le génitif: *multum aquae* (beaucoup d'eau); *nusquam gentium* (nulle part au monde; *gentes*, les nations, les hommes, les "gens"); *illius ergo vēnimus* nous sommes venus à cause de lui).

CONJONCTIONS.

Elles se construisent avec l'indicatif ou le subjonctif ; cela dépend beaucoup de la nuance de sens exprimée et des habitudes de l'auteur. On peut dire ceci :

1°. Lorsque *cum* signifie "puisque, vu que," il prend le subjonctif : *Quae cum ita sint* (puisqu'il en est ainsi).

2°. Lorsque *ut* signifie "à supposer que," il se construit toujours avec le subjonctif. Voici un exemple tiré d'un beau passage où Juvénal expose les inconvénients de vieillesse :

> *Ut vigeant sensus animi, ducenda tamen sunt*
> *Funera natorum, rogus aspiciendus amatae*
> *Conjugis et fratris, plenaeque sororibus urnae.*
> *Haec data poena diu viventibus, ut renovatā*
> *Semper clade domus, multis in luctibus inque*
> *Perpetuo moerore et nigrā veste senescant.*[1]

Ut sensus animi vigeant, à supposer que les facultés de l'âme subsistent ; *tamen funera natorum ducenda sunt,* pourtant les funérailles des enfants doivent être conduites ; *rogus conjugis amatae et fratris,* le bûcher d'une épouse aimée et d'un frère ; *aspiciendus* (s.-entendu *est*), doit être regardé ; *urnaeque plenae sororibus,* et des urnes pleines

---

[1] Juvénal, *Satires,* x. 240-245.

(des cendres) de sœurs (s.-entendu "doivent être re-
gardées") ; *haec poena data* (*est*) *viventibus diu*, cette peine
a été infligée à ceux qui vivent longtemps ; *ut senescant*,
(à savoir) qu'ils vieillissent ; *clade domus semper renovatā*
(ablatif absolu), le désastre de leur maison étant toujours
renouvelé ; *in luctibus multis*, dans des deuils nombreux ;
inque moerore perpetuo, et dans un chagrin perpétuel ; *et
veste nigrā*, et dans un vêtement noir.

"À ˉsupposer que le vieillard conserve les
facultés de son esprit, il n'en devra pas moins
conduire la pompe funèbre de ses enfants, contempler le bûcher d'une épouse chérie ou d'un
frère, les urnes pleines des cendres de ses sœurs.
Telle est la peine d'avoir trop vécu : la maison
incessamment renouvelée par la mort, la vieillesse
condamnée à des deuils nombreux, à un chagrin
continuel, au port de vêtements noirs."

Ces vers sont tellement pleins de mots et de
sens qu'il est difficile de les traduire. Il y a, dans
le latin, quelque chose de lourd, de las, de funèbre
qui s'harmonise à merveille avec le sujet. Ne
trouvez-vous pas admirable cette fin de vers :
plenaeque sororibus urnae ? C'est comme le son
du glas. — Mais je me rappelle que je vous ai cité
ce passage à cause du début du premier vers ; quel
ridicule contre-sens ne ferait-on pas (je l'ai vu
faire dix fois par des élèves) en traduisant *ut
vigeant* par "afin que subsistent" ?

INTERJECTIONS.

Certains mots servant d'interjections se construisent avec le datif :   *Vae victis !* (malheur
aux vaincus !).   D'autres fois on emploie l'accusatif : *O fortunatos agricolas !* (ô heureux agri-
culteurs !).   On trouve aussi l'accusatif seul : *Me
miserum !* (malheureux que je suis !).

PROPOSITION INFINITIVE.

Avec l'emploi de l'ablatif absolu, celui de la
proposition infinitive (attendez ! vous allez comprendre) est le caractère le plus original de la
langue latine comparée à la nôtre.   Je m'explique.

En français, nous usons et nous abusons de *que*,
comme le bas-latin abusait de *quod ;* il en résulte
de véritables cacophonies : " Je t'ai dit *qu'*il
voulait *qu'*on l'entendît."   En latin classique, on
ne dit pas cela, mais " je t'ai dit lui vouloir être
entendu," *tibi dixi illum cupere audiri.*   En un
mot, le latin aime les constructions où l'infinitif
tient la place d'une autre forme verbale ; il affecte
la *construction infinitive.*

Dans les anciennes grammaires, on appelait cela la "règle du *que* retranché." Ce nom est impropre, parce que les Romains, dans leur ignorance naturelle de la langue française, ne pouvaient pas "retrancher" le *que* français; il est toutefois moins impropre qu'il ne paraît, puisque le latin populaire, dont le bas-latin n'est que l'avénement dans la littérature, disait certainement *credo quod fles* (je crois que tu pleures) au lieu du latin correct *credo te flere*.

La traduction française littérale d'une proposition infinitive latine ressemble à du "petit nègre," mais elle est pourtant intelligible: *Sperabam me brevi rediturum esse*, "j'espérais moi bientôt devoir revenir." *Mone illum me advenisse*, "avertis-le moi être arrivé." *Jussit eum venire*, "il ordonna lui venir." Il n'y a pas de difficulté pour le sens. Je me dispenserai donc de vous donner d'autres exemples, le but que je poursuis étant seulement de vous armer contre les difficultés de la lecture et de la version.

Le dernier des grands poètes latins, Claudien, qui a célébré les dernières victoires de Rome au début du Ve siècle, a écrit de bien beaux vers à propos de la disgrâce méritée d'un nommé Rufin, qui fut ministre de l'empereur Théodose et de son fils Arcadius:

Saepe mihi dubiam traxit sententia mentem
Curarent Superi terras, an nullus inesset
Rector et incerto fluerent mortalia casu. . . .
Abstulit hunc tandem Rufini poena tumultum,
Absolvitque deos.   Jam   non   ad   culmina
    rerum
Injustos crevisse queror : tolluntur in altum
Ut lapsu graviore ruant. . . .[1]

Saepe sententia traxit mihi mentem dubiam, souvent une
(double) opinion tira (en sens contraire) à moi (mon) esprit
incertain ; *Superi curarent terras* (de savoir si) les dieux
d'en haut avaient souci des terres (de la terre) ; *an inesset*
nullus rector, ou s'il n'y avait aucun guide ; *et mortalia*
fluerent casu incerto, et si les choses mortelles coulaient
par un hasard incertain.   *Tandem poena Rufini,* enfin le
châtiment de Rufin ; *abstulit* (parfait de *auferre*) *hunc*
tumultum, a mis fin à ce trouble (de mon esprit) ; *absol-*
vitque deos, et a absous les dieux.   *Jam non queror,* déjà
(maintenant) je ne me plains plus ; *injustos crevisse ad*
culmina rerum, que les (hommes) injustes aient crû jusqu'au
faîte des choses (honneurs) ; *tolluntur in altum,* ils sont
portés en haut ; *ut ruant lapsu graviore,* pour qu'ils
tombent d'une chute plus lourde.

" Deux sentiments contraires ont souvent partagé
mon esprit incertain : les dieux s'occupent-ils de
la terre ? ou bien n'y a-t-il aucun guide et les
choses humaines flottent-elles au gré du hasard ?

[1] Claudien, *contre Rufin,* i. 1 et suiv.

La châtiment de Rufin a enfin dissipé ce trouble de mon âme. Je ne me plains plus que les méchants soient portés au faîte des honneurs; ils ne s'élèvent si haut que pour tomber d'une plus lourde chute."

Ce sont là de beaux vers, mais on ne peut dire que le style en soit pur. Le premier vers est mal écrit; il ne s'agit pas d'une opinion (*sententia*), mais de deux opinions. Au vers 5, *auferre tumultum* est une singulière façon de dire: "dissiper un trouble." Les poètes du siècle d'Auguste écrivaient mieux; ce siècle est la fin et l'apogée de *l'âge d'or* de la littérature latine. Lucain, Pline le jeune, Tacite appartiennent déjà à la *latinité d'argent;* l'époque de Claudien est *l'âge de fer,* mais il y reste des paillettes d'or.

Je ne vous cite pas d'exemple du comique Plaute, dont la langue est très archaïque et difficile. Mais je veux terminer cette lettre par quelques vers de Lucrèce, poète mort en 41 avant notre ère, c'est-à-dire trois ans après Jules César. C'est encore du vieux latin, mais avec de merveilleuses qualités de vigueur; le poème de Lucrèce, *de naturā rerum* (de la nature des choses) est pénible à lire, souvent aride, mais plein de beautés de premier ordre:

L

Suave, mari magno turbantibus aequora ventis,
E terrā magnum alterius spectare laborem ;
Non quia vexari quemquam est jucunda volup-
tas,
Sed quibus ipse malis careas, ea cernere suave
est.
Suave etiam belli certamina magna tueri
Per campos instructa, tuā sine parte pericli.
Sed nil dulcius est bene quam munita tenere
Edita doctrinā sapientum templa serena,
Despicere unde queas alios passimque videre
Errare atque viam palantes quaerere vitae ! [1]

Suave, (il est) doux, c'est (chose) douce. Pour traduire
un neutre latin, il faut souvent, en français, ajouter le mot
chose, comme dans ces mots de Virgile : *Varium et mutabile*
semper femina (la femme est toujours *chose* variable et
changeante ; et l'homme aussi, n'est-ce pas ?). *Ventis turban-*
tibus aequora mari magno, les vents bouleversant les flots
(sur) la vaste mer ; *spectare e terrā,* (de) regarder de la terre ;
magnum laborem alterius, la grande épreuve d'un autre ;
non quia est jucunda voluptas, non que ce soit un agréable
plaisir ; *quemquam vexari,* que quelqu'un soit maltraité (sous
nos yeux) ; *sed suave est,* mais il est doux ; *cernere ea (mala),*
(de) voir ces (maux) ; *quibus malis careas ipse,* desquels
maux tu sois exempt toi-même. *Suave etiam,* (il est) doux
aussi ; *tueri magna certamina belli,* de regarder les grands
combats de la guerre ; *instructa per campos,* disposés à

---

[1] Lucrèce, *De la nature des choses,* ii. 1 et suiv.

travers les champs ; *sine tuā parte pericli,* sans ta part de danger. *Sed nihil dulcius est,* mais rien n'est plus doux ; *quam tenere templa serena,* que d'occuper les temples sereins ; *bene munita,* bien fortifiés ; *edita doctrinā sapientum,* élevés par la science des sages ; *unde queas despicere alios,* d'où tu puisses regarder-de-haut les autres ; *passimque,* et çà et là ; *videre errare,* (les) voir errer ; *atque .palantes,* et marchant à l'aventure ; *quaerere viam vitae,* chercher la voie de la vie.

" Il est doux, quand la vaste mer est bouleversée par les vents, d'assister du rivage aux rudes épreuves d'autrui ; non pas qu'on trouve une jouissance dans les souffrances d'un autre homme, mais parce qu'il est doux de voir des maux dont on est exempt. Il est doux aussi de contempler les luttes terribles de la guerre se déroulant dans la plaine, sans prendre part au danger. Mais rien n'est plus doux que d'occuper les temples sereins, élevés et fortifiés par la science, d'où l'on peut voir à ses pieds les autres hommes errant à l'aventure, cherchant le chemin de la vraie vie."

Ce sentiment n'est pas très charitable, mais Lucrèce n'était pourtant pas un égoïste, puisqu'il a écrit un long poème pour enseigner aux Romains la philosophie scientifique d'Épicure, qui devait les délivrer des craintes superstitieuses, en particulier de celles de l'autre vie :

L 2

Et metus ille foras praeceps Acherontis agendus,
Funditus humanam qui vitam turbat ab imo,
Omnia suffundens mortis nigrore, neque ullam
Esse voluptatem liquidam puramque relinquit.[1]

Et metus ille Acherontis, et cette crainte de l'Achéron
(un des fleuves de l'Enfer) ; *agendus (est) foras praeceps,*
doit être jetée à la porte tête-en-avant ; *qui turbat funditus
vitam humanam ab imo,* qui trouble profondément la vie
humaine depuis le fond ; *suffundens omnia nigrore mortis,*
arrosant toutes choses de la noirceur de la mort ; *neque
relinquit ullam voluptatem,* et ne laisse aucun plaisir ;
liquidam puramque, clair et pur.

" Il faut chasser sans ménagement de nos esprits
cette terreur de l'Achéron, qui trouble le fond.
même de la vie humaine, qui répand sur tout les
sombres teintes de la mort et ne nous laisse goûter
aucune joie paisible et pure."

Lucrèce n'est pas moins sévère pour la supersti-
tion stupide qui, sur la foi d'un oracle, fit mourir
l'innocente Iphigénie afin d'assurer aux Grecs des
vents favorables :

Aulide quo pacto Triviaï virginis aram
Iphianassaï turparunt sanguine foede
Ductores Danaum delecti, prima virorum,
Exitus ut classi felix faustusque daretur.
Tantum religio potuit suadere malorum ![2]

---

[1] Lucrèce, *De la nature des choses,* iii. 37–40.
[2] *Ibid.* i. 78–80, 94–95.

Quo pacto, de cette manière ; *Aulide*, à Aulis (port de Béotie) ; *ductores delecti Danaum*, les chefs choisis des Danaens (des Grecs) ; *prima virorum*, l'élite des guerriers [*prima*, pluriel neutre, locution imitée du grec] ; *turparunt foede*, souillèrent honteusement ; *aram virginis Triviaï*, l'autel de la vierge protectrice-des-carrefours [*Trivia*, surnom de Diane, de *tres viae*, d'où *trivial* ; le génitif *Triviaï* est archaïque] ; *sanguine Iphianassaï*, du sang d'Iphianassa [autre nom d'Iphigénie ; ce génitif a la forme archaïque] ; *ut exitus felix faustusque*, afin qu'une sortie heureuse et favorable ; *daretur classi*, fût donnée à la flotte. *Tantum religio*, tant la religion ; *potuit suadere malorum*, a pu conseiller de maux.

"Ainsi, à Aulis, l'autel de la vierge Trivia fut honteusement souillé du sang d'Iphigénie par les chefs choisis des Grecs, élite des guerriers, afin d'assurer à la flotte une heureuse sortie du port. Tant la religion a pu conseiller de forfaits !"

Il va sans dire, Cornélie, que ce jugement sévère ne s'applique qu'à la religion païenne ; mais Lucrèce, né Romain et avant notre ère, ne pouvait pas en connaître de meilleure.

Bonsoir,

S. R.

ONZIÈME LETTRE

Je n'ai pas fini, chère Cornélie, avec les petites phrases qu'il faut savoir par cœur afin de n'être pas arrêté, en lisant, par des expressions analogues. Quand on les rencontre ensuite dans un texte, on a plaisir à les saluer comme de vieilles connaissances. *Forsan et haec olim meminisse juvabit*, dit Virgile ; je vous ai déjà expliqué cela (p. 62).

Non cuiquam auctor esse velim ut Ovidium imitetur (Je ne voudrais conseiller à personne d'imiter Ovide).—*Cura ut valeas, ne in morbum incidas* (Fais en sorte de te bien porter, de ne pas tomber malade).—*Mone illum ut sibi caveat* (Avertis-le de se garder).—*Litteras ad me perferendas curavit* (Il m'a fait porter une lettre).—*Nihil meā refert utrum dives sim an pauper* ou *divesne sim an pauper* (Il m'importe peu d'être riche ou pauvre).—*Timeo ut dolorem sustineas* (**Je** crains [et je me demande] comment tu supporteras la douleur).—*Cave ne cadas* (Prends garde de ne pas tomber).—*Cave ut recte eloquaris* (Prends garde de parler correctement).—*Da operam*

150

ut omnia sint parata (Prends garde *ou* fais en sorte que tout soit prêt).

Dignus est cui faveam (Il mérite que je le favorise).—*Quis impedit quin proficiscaris ?* (Qui t'empêche de partir ?)—*Non possum non loqui* (Je ne puis m'empêcher de parler).—*Per me non stat quin sis beatus* (Il ne tient pas à moi que tu ne sois heureux).—*Praesume animo multa tibi esse patienda* (Attends-toi à souffrir beaucoup de choses).—*Morbus causa fuit cur te non inviserim* (La maladie m'a empêché de te voir).—*Non est cur sileas* (Tu n'a pas de raison de te taire).—*Dubito valeatne an aegrotet* (Je ne sais s'il se porte bien ou s'il est malade).—*Memini me legere* [et non *legisse*] (Je me rappelle avoir lu).

Adolescentibus non modo non invidetur, verum etiam favetur (Non seulement on ne veut pas nuire aux jeunes gens, mais on les favorise ; exemple de l'emploi impersonnel des verbes neutres au passif).—*Videre est homines qui honores non appetant* (On voit des hommes qui ne recherchent pas les honneurs).—*Vulpes negavit se esse culpae proximam* (Le renard nia qu'il fût coupable ; exemple de *se*, dont on ne trouve pas l'équivalent en français, parce que *se* se rapporte à *vulpes*, sujet principal de la phrase).—*Suum Caesari gladium restitui* (j'ai rendu son épée à César).—

Hostes orabant ut sibi parceretur. (Les ennemis suppliaient qu'on les épargnât).—*Pater amat liberos suos, at eorum* (et non *sua*) *vitia odit* (Un père aime ses enfants, mais il hait leurs vices).—*Non is sum qui tu* (Je ne suis pas tel que toi).—*Quis hujusmodi pueros non amet?* (Qui n'aimerait de tels enfants ?)—*Ea esse debet liberalitas ut nemini noceat* (La libéralité doit être telle qu'elle ne nuise à personne).—*Ea est Romana gens quae victa quiescere nesciat* (Le peuple romain est tel qu'il ne peut se reposer étant vaincu, c'est-à-dire qu'il ne peut se résigner à la défaite).

Eum ne vidi quidem (Je ne l'ai pas même vu). —*Eum amo perinde ac si sit frater meus* (Je l'aime comme s'il était mon frère).—*Pauci atque admodum pauci homines* (Peu et même très peu d'hommes).—*Posco atque adeo flagito* (Je demande et même je supplie).—*Alius est atque erat olim* (Il est autre qu'il n'était autrefois).—*Aliter loquitur, aliter sentit* (Il parle d'une façon, il pense de l'autre).—*Quaere uter utri insidias fecerit* (Demande qui est celui des deux qui a tendu des embûches à l'autre).—*Quivis alius populus ac Romanus despondisset animum* (Tout autre peuple que le peuple romain eût perdu courage). —*Alii aliis rebus delectantur* (Les uns aiment une chose, les autres une autre).—*Alii alio dilapsi sunt* (Ils s'échappèrent les uns d'un côté, les autres de l'autre).—*Alii aliis opitulemur* (Aidons-nous les uns les autres).—*Alterutrum ad te mittam* (Je t'enverrai l'un ou l'autre).

Siccine amicos tuos defendis? (Est-ce ainsi que tu défends tes amis?)—*Te ipsum quaero* (C'est toi-même que je cherche).—*Non quin existimem te esse malum* (Non que je pense que tu sois méchant).

Quanti tibi constitit haec domus? (Que t'a coûté cette maison?)—*Utinam factus essem consilii tui certior* (Plût au ciel que j'eusse été informé de ton dessein!)

Paulisper attende (Attends un peu).—*Tantillum* ou *paulum* ou *aliquantulum aquae* (Un peu d'eau).—*Quotusquisque est disertus!* (Combien peu d'hommes sont éloquents!)

Philosophi cum veteres tum recentiores (Les philosophes, tant anciens que modernes).—*Tanto praestat divitiis sapientia!* (Tant la sagesse l'emporte sur les richesses!)—*Senectus tantum honorabatur Lacedaemone quantum ubi maxime* (La vieillesse était honorée a Lacédémone autant qu'en aucun lieu du monde).—*Quam maximis itineribus poterat Galliam petivit* (Il gagna la Gaule aussi vite que possible, c'est-à-dire par très grandes étapes).

Adeone erat stultus ut arbitraretur ... (Était-il assez fou pour penser ...?)—*Plura admisit scelera quam cujus* (pour *ut ejus*) *judices misereat* (Il a commis trop de crimes pour que les juges aient pitié de lui).—*Pluris te facio, quam ut te vituperem* (Je t'estime trop pour te blâmer).—*Pauciores habebat milites quam qui vincere posset* (Il avait trop peu de soldats pour vaincre).

Vix advenit cum in morbum incidit (À peine arrivé il tomba malade).—*Maturius solito surrexit* (Il se leva plus tôt que de coutume).—*Plus aequo te amo* (Je t'aime plus que de raison).—*Proxime cum te vidi* (La dernière fois que je t'ai vu).—*Viginti annos post Urbem conditam* (Vingt ans après la fondation de la Ville, c'est-à-dire de Rome ; on place la fondation de Rome en 753).

Cicero stabat a senatu (Cicéron était du parti du sénat).—*Remoto joco* (Plaisanterie à part).—*Hic illi necopinanti nuntius advenit* (Un message lui arriva à l'improviste).—*Vix me adspicit, nedum amet* (Il me regarde à peine, loin de m'aimer).

Memoria minuitur nisi eam exerceas (La mémoire diminue si *on* ne l'exerce pas).—*Ut sine ingenio ars nihil valet, ita arte multum juvatur ingenium* (Si l'art ne peut rien sans les facultés naturelles, celles-ci, d'un autre côté, sont bien secondées par l'art).—*Veni si licet ; sin minus, scribe ad me* (Viens si tu peux ; sinon, écris-moi).

Mihi proficiscendum est (Il faut que je parte). —*Nunc est bibendum* (Maintenant il faut boire, c'est le moment de boire).—*Serviendum est patriae* (Il faut servir sa patrie).—*Aquā et igni civi interdicere* (Interdire à un citoyen l'eau et le feu, c'est-à-dire l'exiler).—*Pedibus ire in sententiam alicujus* (Approuver l'opinion de quelqu'un ; locution empruntée à un usage du sénat romain, où tous ceux qui votaient dans un sens *marchaient* pour se ranger d'un même côté).

Tantum non cecidit (Il a manqué tomber).— *Jam in eo erat ut oppidum caperetur* (Déjà la forteresse était sur le point d'être prise).—*Jam prope erat ut sinistrum cornu pelleretur* (L'aile gauche était sur le point d'être repoussée).— *Jamjam oppido potiturus erat* (Il était sur le point de s'emparer de la forteresse).

Sustinuisti id negare? (Tu as eu le front de nier cela ?)—*Id nihil aliud quam dolorem meum exulcerat* (Cela ne fait qu'aigrir ma douleur).— *Nihil mihi longius est quam ut te videam* (Rien ne me tarde plus que de te voir).—*Nihil mihi antiquius est quam ut te videam* (Je n'ai rien plus à cœur que de te voir).—*Frustra clamitas* (Tu as beau crier).—*Agamus pingui Minervā*

(Agissons avec le gros bon sens, ne cherchons pas finesse).—*Iram tuam pro nihilo duco* (Je me moque de ta colère).—*Criticorum cavillationes non flocci* ou *non nauci facio* (Je n'estime pas à un poil de laine, à un zeste de noix les chicanes des critiques).—*Invitus recessit* (Il se retira malgré lui).—*Invitā Minervā versus facere* (Faire des vers en dépit de Minerve ; Boileau dit: Rimer malgré Minerve).—*Titus Berenicen dimisit invitus invitam* (Titus renvoya Bérénice malgré lui et malgré elle).—*Adversante* ou *repugnante naturā* (Malgré, à l'encontre de la nature).

Summā arbore (En haut de l'arbre).—*Medio foro* (Au milieu du forum).—*Imus mons* (Le pied de la montagne).—*Domus interior* (L'intérieur de la maison).—*Vere primo* (Au commencement du printemps).—*Extremā aestate* (À la fin de l'été). —*A pueris* ou *a teneris* ou *a teneris unguiculis* (Dès l'enfance, dès la plus tendre enfance).—*Quinto quoque anno census habetur* (On procède au recensement tous les cinq ans).

* * *

Vous me demanderez peut-être, chère Cornélie, pourquoi je vous ai donné toutes ces phrases *en bloc*, au lieu d'inscrire le latin dans une colonne et la traduction en face.   C'est précisément pour que vous soyez obligée de faire ce petit travail vous-même ! Rien n'imprime des suites de mots dans la mémoire comme l'effort nécessaire pour les copier correctement. Vous pouvez aussi transcrire chaque phrase sur une fiche, avec la traduction au revers ; en maniant ces fiches, vous vous interrogerez vous-même et contrôlerez la fidélité de vos souvenirs.

* * *

Je voudrais maintenant vous donner quelques conseils relatifs à l'intelligence des textes. Bien entendu, je ne possède pas de recette pour " comprendre les versions " ; mais à force d'avoir fait des contre-sens moi-même et d'en avoir vu faire aux autres, je crois m'être formé une idée assez nette des précautions à prendre pour les éviter.

Il y a des textes latins que personne ne comprend, quelques-uns parce qu'ils font allusion à des choses ou à des usages que nous ignorons, beaucoup d'autres parce que les copistes du moyen âge ont mal copié des manuscrits plus anciens, sauté des mots ou même des lignes, estropié des noms propres, etc. Mais un professeur qui se respecte—ils se respectent tous—ne vous donnera jamais à traduire un de ces textes inintelligibles ; vous devez toujours admettre, *a priori*, que le texte qu'on vous propose a un sens et qu'il ne s'y trouve pas d'absurdités.

C'est précisément ce que les élèves oublient. Alors qu'ils rougiraient eux-mêmes d'écrire des bêtises, des phrases vides de signification, ils en prêtent généreusement aux anciens qu'ils traduisent, marquant ainsi, qu'ils en aient conscience ou non, leur peu d'estime pour ces maîtres.

Vous vous pénétrerez de l'idée contraire, ma chère Cornélie, et après avoir construit grammaticalement une phrase, sans rien laisser en dehors de la construction—omettre un mot est le plus sûr moyen de mal comprendre la phrase—vous chercherez à mettre votre traduction en accord non seulement avec le texte, *mais avec le contexte*, c'est-à-dire avec ce qui précède et avec ce qui suit, c'est-à-dire, encore et surtout, avec le bon sens.

Je vais vous citer un souvenir personnel. Au Concours général de seconde, en 1873, on nous dicta en Sorbonne un texte de Cicéron où il y avait un piège : trois mots difficiles. Je les traduisis de travers, faute d'avoir suivi le principe que je viens de vous donner. Voici la phrase :

Si implacabiles iracundiae sint, summa est acerbitas ; sin autem exorabiles, summa levitas ;

quae tamen (ut in malis) *acerbitati anteponenda est.*[1]

Les mots difficiles sont dans la parenthèse.

Si iracundiae sint implacabiles, si (tes) colères sont implacables; *est acerbitas summa,* c'est une dureté suprême ; *sin autem exorabiles,* si au contraire elles sont exorables ; *summa levitas,* (c'est une) suprême légèreté ; *quae tamen,* laquelle (légèreté) cependant ; . . . *est anteponenda acerbitati,* est préférable à la dureté.

Que signifie *ut in malis ?* Grammaticalement, *malis* peut être le datif-ablatif pluriel de *mălus,* méchant ; de *mălum,* mal ou malheur ; de *mālum,* pomme ; de *mālus,* pommier ; de *mālus,* mât de navire. Laissons les mâts et les pommes, qui n'auraient rien du tout à voir avec le contexte. Mais je me souviens d'avoir traduit, après de longues hésitations : " comme il arrive aux méchants." C'était inepte, car il s'agit de deux défauts, dont l'un est moins vilain que l'autre ; que viennent faire ici les méchants ? Le vrai sens a été très bien rendu par mon camarade Lévy-Brühl, bien connu aujourd'hui par ses beaux ouvrages de philosophie, qui obtint le premier prix. Voici comment il rendit la phrase :

[1] Cicéron, *Lettre à son frère Quintus,* i. 1, 13.

" Si vos colères sont implacables, c'est le comble
de la rigueur ; si elles sont faciles à fléchir, c'est le
comble de la faiblesse ; et, *mal pour mal* (c'est-à-
dire : *comme entre deux maux*), il faut encore préférer cette dernière à la rigueur."

* * *

Cela dit, je vais terminer cette lettre par trois
strophes lyriques d'Horace qui vous donneront
une idée de cette poésie aimable, mais souvent
obscure.

> *Diffugēre nives, redeunt jam gramina campis*
> *Arboribusque comae ;*
> *Mutat terra vices et decrescentia ripas*
> *Flumina praetereunt.*

Nives diffugere, les neiges se sont dissipées ; *jam gramina
redeunt campis,* déjà les herbes reviennent aux champs ;
arboribusque comae, et aux arbres les chevelures ; *terra
mutat vices,* la terre éprouve des changements ; *et flumina
decrescentia,* et les fleuves décroissant ; *praetereunt ripas,*
coulent le long des rives.

> *Frigora mitescunt Zephyris; ver proterit aestas,*
> *Interitura simul*
> *Pomifer autumnus fruges effuderit ; et mox*
> *Bruma recurrit iners.*

Frigora mitescunt Zephyris, les froids s'adoucissent par
les Zéphyrs ; *aestas proterit ver,* l'été chasse le printemps ;

interitura simul, (l'été) qui doit disparaître en même temps que ; *autumnus pomifer,* l'automne porte-fruits ; *effuderit fruges,* aura produit ses récoltes; *et mox bruma iners recurrit,* et bientôt l'hiver stérile revient-en-courant.

Damna tamen celeres reparant caelestia lunae :
Nos, ubi decidimus
Quo pater Aeneas, quo dives Tullus et Ancus,
Pulvis et umbra sumus.[1]

Tamen, cependant ; *lunae celeres,* les lunes rapides ; *reparant damna caelestia,* réparent (leurs) dommages célestes (c'est-à-dire que la lune se retrouve toujours entière au ciel après avoir perdu des quartiers en décroissant) ; *nos, ubi decidimus,* (mais) nous, quand nous tombons ; *quo pater Aeneas,* où (est tombé avant nous) le père Énée ; *quo dives Tullus et Ancus,* où (sont tombés) le riche Tullus (Hostilius) et Ancus (Martius, rois de Rome) ; *sumus pulvis et umbra,* nous sommes de la poussière et une ombre.

" Les neiges ont disparu ; les prés reverdissent ; les arbres se parent de feuilles nouvelles ; la terre renaît et les rivières coulent assagies le long de leurs rives.

" Le froid s'adoucit sous l'haleine des zéphyrs ; l'été chasse le printemps et doit disparaître à son tour quand l'automne aura porté ses fruits ; bientôt revient le stérile hiver.

" La lune, dans le ciel, sait réparer les pertes

[1] Horace, *Odes,* iv, 7, 1.

M

qu'elle éprouve ; mais nous, une fois descendus là
où dorment le sage Énée, le riche Tullus et Ancus,
nous ne sommes plus que de la poussière et une
ombre."

Vous avez remarqué que ces strophes charmantes
se composent chacune de deux hexamètres, suivis
de la seconde moitié d'un pentamètre.   J'ai choisi
des strophes faciles ; encore, dans celles-ci, le vers
sur la lune exige-t-il de la réflexion pour être
compris.   La simplicité et l'enjouement d'Horace
ne sont qu'apparents ; sa poésie lyrique est souvent
très artificielle ; dans ses *Satires* et *Épîtres*, il est
le Boileau, mais dans ses *Odes* il est le Théophile
Gautier des Romains.

Vale !

S. R.

DOUZIÈME LETTRE.

Ma chère Cornélie,

Je vais employer cette dernière missive à enrichir votre anthologie latine. Si je me donne ce plaisir, c'est avec la conviction que vous prendrez la peine correspondante et que toutes ces lignes choisies par moi se fixeront dans votre mémoire pour n'en plus sortir.

Un petit fragment de l'éloquence de Cicéron doit ici trouver sa place. Voici le début fameux de la *Première Catilinaire*, c'est-à-dire de l'invective prononcée par Cicéron au sénat contre Catilina, qui préparait une revolution sociale.

Quousque tandem abutere, Catilina, patientiā nostrā? Quamdiu etiam furor iste tuus nos eludet? Quem ad finem sese effrenata jactabit audacia? . . . Patere tua consilia non sentis? Constrictam jam omnium horum conscientiā teneri conjurationem tuam non vides? . . . O tempora! O mores! Senatus haec intelligit, consul videt; hic tamen vivit. Vivit? Imo vero etiam in senatum venit ; fit publici consilii particeps ; notat et designat oculis ad caedem unumquemque nostrorum . . . Ad mortem te, Catilina, duci jussu consulis jampridem oportebat ; in te conferri pestem illam, quam tu in nos omnes jamdiu machinaris !

Quousque tandem, Catilina, jusqu'à quand enfin, Catilina ; *abutere patientiâ nostra ?* abuseras-tu de notre patience ? *Quamdiu etiam,* combien de temps encore ; *iste furor tuus,* cette fureur tienne ; *nos eludet,* nous jouera ? *Quem ad finem,* jusqu'à quelle fin ; *audacia effrenata,* (ton) audace effrénée ; *sese jactabit,* se donnera carrière ? *Non sentis tua consilia patere,* ne sens-tu pas que tes desseins sont révélés ; *non vides tuam conjurationem,* ne vois-tu pas (que) ta conjuration ; *jam teneri constrictam,* est déjà tenue enchaînée ; *conscientiâ omnium horum,* par la connaissance (qu'en ont) tous ceux-ci (les magistrats et les sénateurs). *O tempora ! O mores !* Ô temps ! Ô mœurs ! *Senatus intelligit haec,* le sénat comprend ces choses ; *consul videt,* le consul les voit ; *tamen hic vivit,* cependant celui-ci vit (encore). *Imo vero,* bien plus ; *venit etiam in senatum,* il vient même au sénat ; *fit particeps publici consilii,* il devient participant du conseil public ; *notat et designat oculis,* il note et il désigne des yeux ; *ad caedem,* pour le meurtre ; *unumquemque nostrorum,* un chacun de nous. *Oportebat,* il fallait (il aurait fallu) ; *Catilina,* Catilina ; *te duci jampridem ad mortem,* que tu fusses conduit depuis longtemps à la mort ; *jussu consulis,* par ordre du consul ; *conferri in te pestem illam,* que l'on tournât sur toi cette destruction ; *quam tu jamdiu machinaris in nos,* que toi depuis longtemps tu machines contre nous !

« Jusques à quand, Catilina, abuseras-tu notre patience ? Combien de temps encore serons-nous le jouet de ta fureur ? Jusqu'où s'emportera ton audace effrénée ? . . . Tu ne sens donc pas que tes projets sont découverts ? Tu ne vois pas que ta conjuration est déjà enchaînée et paralysée par la connaissance qu'en ont tant de témoins ? . . . Ó temps ! Ô mœurs ! Le sénat comprend, le consul voit, et cet homme vit encore ! Que dis-je ? Il vit ! Bien plus, il vient au sénat, il prend part aux conseils de la République, il note et désigne des yeux ceux d'entre nous qu'il veut immoler. Il y a beau temps, Catilina, que le consul aurait dû t'envoyer à la mort et retourner contre toi le glaive que tu aiguises depuis longtemps contre nous. »

Cicéron fut traité lui-même par Marc-Antoine comme il eût voulu que l'on traitât Catilina : massacré sans jugement. L'histoire du dernier siècle de la République romaine n'est qu'une longue série de proscriptions sanglantes ; mais il y eut alors quelques hommes, comme Cicéron lui-même, Caton et Brutus, qui consolèrent l'humanité et lui donnent encore de haut des exemples.

Sous l'Empire, dans les écoles des rhéteurs et dans l'opposition lettrée, Caton devint un héros,

presque une idole. Témoin ces lignes déclama-
toires, mais vibrantes de Sénèque, dont le neveu,
le poète Lucain, n'a pas moins éloquemment
glorifié Caton :

Cato, cum ambitu congressus, multiformi malo,
et cum potentiae immensā cupiditate, quam totus
orbis in tres divisus satiare non poterat, adversus
vitia civitatis degenerantis et pessum suā mole
sidentis stetit solus, et cadentem rempublicam,
quantum modo unā retrahi manu poterat, reti-
nuit : donec vel abreptus, vel abstractus, comitem
se diu sustentatae ruinae dedit, simulque extincta
sunt quae nef́as erat dividi : neque enim Cato
post libertatem vixit, nec libertas post Catonem.[1]

Cato congressus cum ambitu, Caton s'étant attaqué à la
brigue ; *malo multiformi,* mal à formes multiples ; *et cum*
immensā cupiditate potentiae, et à l'immense avidité de
pouvoir ; *quam orbis totus divisus in tres partes,* que le
monde entier (l'Empire romain) divisé en trois parts (lors
de la formation du triumvirat de César, Pompée et Crassus,
en l'an 60 a. Chr.) ; *non poterat satiare,* n'avait pu rassasier
(car César voulut être seul maître) ; *stetit solus,* se tint
debout seul ; *adversus vitia civitatis degenerantis,* contre les
vices d'une cité qui dégénérait ; *et sidentis pessum,* et qui
s'affaissait en bas (adverbe) ; *suā mole,* par son propre
poids ; *et retinuit rempublicam cadentem,* et il retint la

---

[1] Sénèque, *De la constance du sage,* chap. 2.

République qui tombait; *quantum modo poterat retrahi unâ manu*, autant du moins qu'elle pouvait être retenue d'une seule main ; *donec vel abreptus vel abstractus*, jusqu'à ce que soit entraîné, soit arraché ; *comitem se dedit*, il se donna comme compagnon ; *ruinae diu sustentatae*, à une ruine longtemps soutenue ; *simulque extincta sunt*, et en même temps furent anéanties ; *quae nefas erat dividi* (deux choses) qu'il était impie de séparer (qui ne pouvaient pas sans impiété être séparées); *neque enim Cato vixit post libertatem*, ni en effet Caton (ne) vécut après la liberté ; *nec libertas post Catonem*, ni la liberté après Caton.—Vous savez que Caton, après la mort de Pompée, poursuivit la guerre contre César et, enfermé dans Utique, s'y donna la mort (46 a. Ch.).

" Caton, aux prises avec la brigue, mal à formes multiples, et avec l'ambition sans bornes du pouvoir, que le monde entier partage entre trois hommes n'avait pu satisfaire, demeura seul debout en face des vices d'une cité dégénérée et que son poids entraînait à l'abîme, et retint la République qui tombait, autant qu'elle pouvait l'être par une seule main ; tant qu'enfin, entraîné ou arraché lui-même, il se fit le compagnon d'un édifice en ruine longtemps soutenu par lui, et l'on vit succomber à la fois ce que la loi divine ne permettait pas de séparer : Caton ne survécut pas à la liberté, ni la liberté à Caton."

Après cette prose harmonieuse, revenons aux vers. Voici un joli distique du poète élégiaque

Tibulle, le Musset de la littérature romaine ; il s'adresse à une amie :

> *Te spectem, suprema mihi cum venerit hora,*
> *Te teneam moriens deficiente manu.*[1]

« Puissé-je te voir, quand viendra pour moi la dernière heure ! Puissé-je te tenir en mourant d'une main défaillante ! »

Tibulle mourut jeune ; Ovide, qui s'inspira de lui, l'avait connu. Il nous le dit dans de très beaux vers écrits en exil, où il raconte sa vie, ses succès précoces et ses malheurs :

> *Saepe suos solitus recitare Propertius ignes,*
> *Jure sodalitii qui mihi junctus erat ;*
> *Et tenuit nostras numerosus Horatius aures,*
> *Dum ferit Ausoniā carmina culta lyrā.*
> *Virgilium vidi tantum nec avara Tibullo*
> *Tempus amicitiae fata dedere meae.*[2]

Saepe Propertius solitus (*est*), souvent Properce eut l'habitude ; *recitare suos ignes,* (de me) réciter ses feux (ses poèmes d'amour) ; *qui mihi erat junctus,* (lui) qui m'était uni ; *jure sodalitii,* par le droit de la camaraderie ; *et numerosus Horatius,* et l'harmonieux Horace ; *tenuit nostras aures,* a retenu nos (mes) oreilles ; *dum ferit*

---

[1] Tibulle, *Élégies,* i. 1, 59-60.
[2] Ovide, *Tristes,* iv. 10, 45 et suiv.

carmina culta, tandis qu'il frappe (fait·retentir) des chants raffinés ; *lyrā Ausoniā,* sur la lyre ausonienne (italienne). *Vidi tantum Virgilium,* j'ai vu seulement Virgile ; *nec avara fata dedere tempus Tibullo,* et les avares destins n'ont pas donné le temps à Tibulle ; *meae amicitiae,* de mon amitié.

" J'écoutai souvent Properce, dont je fus le camarade et l'ami, réciter ses poèmes d'amour ; l'harmonieux Horace charma aussi mes oreilles en tirant des chants pleins d'élégance de la lyre ausonienne. Virgile, je l'ai vu seulement, et les destins jaloux ravirent trop tôt Tibulle à mon amitié."

Properce aussi avait du talent, bien que ses *ignes* nous laissent bien froids aujourd'hui ; ses élégies sur les origines de Rome émeuvent davantage. Il eut aussi le mérite d'admirer profondément Virgile et de célébrer son *Énéide* avant qu'elle ne vît le jour :

Cedite, Romani scriptores ; cedite Graii :
Nescio quid majus nascitur Iliade.[1]

Cedite, cédez (le pas) ; *scriptores Romani,* écrivains romains ; *cedite Graii,* cédez (le pas, écrivains) grecs ; *nescio quid,* je ne sais quoi ; *majus Iliade,* de plus grand que l'Iliade ; *nascitur,* naît (en ce moment).

---

[1] Properce, *Elégies,* ii. 34, 65-66.

" Arrière, écrivains de Rome et de la Grèce ! Il naît je ne sais quelle œuvre qui sera plus grande que l'Iliade ! "

L'*Énéide* ne fut publiée qu'après la mort de Virgile ; mais, de son vivant, il en avait lu des morceaux à des amis, entre autres le passage du VIe livre où Anchise, aux Enfers, montre à Énée le jeune Marcellus. Ce prince était le fils d'Octavie, la sœur d'Auguste, et destiné à succéder à son oncle ; une maladie mystérieuse l'enleva à l'âge de vingt ans (23 a. Ch.). Lorsque Virgile donna lecture de ce passage à Auguste et à Octavie, elle en fut si émue qu'elle s'évanouit entre les bras de l'empereur ; puis elle fit remettre au poète 10,000 sesterces (environ 2,000 francs) pour chaque vers. Il existe à Toulouse et à Bruxelles deux tableaux d'Ingres qui représentent cette lecture ; ce sont les plus touchantes de ses œuvres.

Atque hic Aeneas—una namque ire videbat   859
Egregium formā juvenem et fulgentibus armis,   860
Sed frons laeta parum et dejecto lumina vultu :
" Quis, pater, ille virum qui sic comitatur euntem ?
Filius, anne aliquis magnā de stirpe nepotum ?
Qui strepitus circa comitum ! quantum instar in
    ipso est !
Sed nox atra caput tristi circumvolat umbrā."   865

Tum pater Anchises, lacrimis ingressus obortis :
" O nate ! ingentem luctum ne quaere tuorum :
Ostendent terris hunc tantum fata, neque ultra
Esse sinent. Nimium vobis Romana propago
Visa potens, Superi, propria haec si dona fuissent. 870
Quantos ille virùm magnam Mavortis ad urbem
Campus aget gemitus ! Vel quae, Tiberine, videbis
Funera, cum tumulum praeterlabere recentem !
Nec puer Iliaca quisquam de gente Latinos
In tantum spe tollet avos, nec Romula quondam 875
Ullo se tantum tellus jactabit alumno.
Heu pietas ! heu prisca fides ! invictaque bello
Dextera ! Non illi se quisquam impune tulisset
Obvius armato, seu cum pedes iret in hostem,
Seu spumantis equi foderet calcaribus armos. 880
Heu, miserande puer ! si qua fata aspera rumpas,
Tu Marcellus eris ! Manibus date lilia plenis,
Purpureos spargam flores animamque nepotis
His saltem accumulem donis et fungar inani
Munere ! " . . . 885

Atque hic Aeneas, et ici Énée; *namque videbat ire una,*
car il voyait aller ensemble (avec Marcellus l'ancien, vain-
queur du Gaulois Viridomar et de Syracuse défendue par
Archimède) ; *juvenem egregium formā,* un jeune homme
remarquable par sa beauté ; *et fulgentibus armis,* et par ses
armes éclatantes ; *sed frons laeta parum,* mais (son) front
(était) trop peu gai (triste) ; *et lumina,* et ses yeux ; *dejecto
vultu,* d'une expression déjetée. *Quis ille, pater,* quel est

celui-là, (mon) père ; *qui sic comitatur virum euntem*, qui accompagne ainsi le héros marchant (Marcellus l'ancien). *Filius, anne aliquis*, est-il (son) fils, ou quelqu'un ; *de magnā stirpe nepotum*, de la grande descendance de (ses) neveux ? *Qui strepitus comitum circa*, quel bruit de compagnons autour ; *quantum instar in ipso*, quel grand-air-de-dignité (est) en lui-même ; *sed nox atra*, mais la nuit noire ; *circumvolat caput tristi umbra*, vole autour de (sa) tête (et l'enveloppe) d'une ombre triste. *Tum pater Anchises*, alors le père Anchise ; *ingressus lacrimis obortis*, ayant commencé (avec) des larmes naissantes ; *o nate !* ô (mon) fils ; *ne quaere ingentem luctum tuorum*, ne cherche pas (à connaître) le grand deuil des tiens ; *fata hunc ostendent tantum terris*, les destins le montreront seulement aux terres (à la terre) ; *neque sinent esse ultra*, et ne (lui) permettront pas de vivre au-delà.[1] *Superi, Romana propago*, Dieux d'en haut ! la race romaine ; *vobis visa nimium potens*, vous (eût) paru trop puissante ; *si haec dona*, si ces dons ; *fuissent propria*, (lui) avaient été (faits) en propre. *Quantos gemitus virûm*, quels grands gémissements d'hommes ; *aget ille campus*, poussera ce champ (de Mars à Rome)[2] ; *ad urbem magnam Mavortis*, vers la grande ville de Mavors (Mars) ; *vel quae funera videbis*, ou quelles funérailles verras-tu ; *Tiberine*, dieu du Tibre ; *cum praeterlabere*, lorsque tu couleras le long de ; *tumulum recentem*, (sa) tombe récente ! *Nec quisquam puer*, et aucun enfant ; *de gente Iliacā*, de la race d'Ilion (de Troie) ; *tollet avos latinos in tantum spe*, n'élèvera (ses) aïeux latins autant par l'espérance ; *nec quondam terra Romula*, ni jamais la terre Romuléenne (de Romulus) ; *se jactabit tantum*, (ne)

---

[1] Notez ces vers funèbres, lourds de spondées.
[2] Où eurent lieu les obsèques du jeune Marcellus.

s'enorgueillira autant ; *ullo alumno*, d'aucun nourrisson. *Heu pietas*, hélas, piété ; *heu prisca fides*, hélas, antique foi ; *dextéraque invicta bello !* et main droite invaincue à la guerre ! *Non quisquam*, personne ; *se tulisset impune*, se serait porté impunément ; *obvius illi armato*, au devant de celui-là armé ; *seu cum iret in hostem pedes*, soit qu'il marchât contre l'ennemi à pied ; *seu foderet calcaribus*, soit qu'il creusât de (ses) éperons ; *armos equi spumantis*, les flancs d'un cheval écumant. *Heu, miserande puer*, hélas ! malheureux enfant ; *si qua rumpas fata aspera*, si de quelque manière tu peux rompre les destins cruels ; *tu Marcellus eris*, tu seras Marcellus ! *Date lilia plenis manibus*, donnez les lys à pleines mains ; *spargam flores purpureos*, que je répande des fleurs purpurines ; *(que) saltem accumulem animam nepotis*, et que du moins je comble l'âme de (mon) descendant ; *his donis*, de ces dons ; *et fungar inani munere*, et que je m'acquitte d'un vain devoir.

"Alors Énee (car il voyait marcher à côté de Marcellus un jeune homme remarquable par sa beauté et l'éclat de ses armes, mais le front sombre et le regard attristé) : 'Ô mon père, dit-il, quel est celui qui accompagne le héros dans sa marche ? Est-il son fils, ou quelque autre rejeton de sa grande race ? Quel bruyant cortège l'environne ! Quel air de dignité est le sien ! Mais une nuit noire enveloppe sa tête d'une ombre sinistre.' Le vénérable Anchise reprend en versant des larmes :. 'Ô mon fils, ne cherche point à savoir le deuil immense de ta famille ! Ce jeune homme, les destins ne feront que le montrer à la terre et ne l'y laisseront pas séjourner. Dieux, la race romaine vous eût paru trop puissante si elle avait pu conserver pour elle un tel don! Quels gémissements du peuple s'élèveront du champ funèbre vers la grande ville de Mars ! Et toi, dieu du Tibre, quelles funérailles tu verras sur tes rives en coulant auprès de sa tombe récente ! Jamais enfant du sang troyen n'élèvera aussi haut les espérances de ses aïeux latins ; jamais la terre future de Romulus ne s'enorgueillira autant d'un de ses fils. Ô piété, ô vertu antique, ô main invincible à la guerre ! Nul ne se fût avancé impunément au-devant de lui, soit qu'il marchât à pied contre l'ennemi, soit qu'il pressât de l'éperon les flancs d'un cheval écumant. Hélas, enfant infortuné, si de quelque manière tu peux échapper aux rigueurs du sort, tu seras Marcellus ! Donnez des lys à pleines mains ; que je répande des fleurs éclatantes ; que je prodigue du moins ces offrandes à l'âme de mon descendant et que je m'acquitte envers elle d'un vain hommage !' "

Pour ne point admirer ces vers, il faudrait être un sauvage ; mais l'admiration ne doit pas nous aveugler. Ici, comme si souvent chez Virgile, la délicatesse et l'émotion l'emportent sur la clarté.

Voyons d'abord l'étrangeté même de la conception : ce jeune Marcellus qui, douze siècles avant de naître, paraît déjà tout triste d'être condamné à mourir jeune. J'ai l'idée que Virgile a décrit une sorte de *tableau du monde infernal*, où Marcellus figurait à pied en compagnie du vieux Marcellus de Syracuse, avec une expression de mélancolie que l'artiste, chargé de la commande, lui avait fort naturellement donnée, et sans doute aussi une auréole sombre, rappelant le deuil de sa mort prématurée. Beaucoup de détails qui paraissent très étranges dans la description de l'Enfer de Virgile s'expliquent si l'on admet qu'il décrivait des tableaux. Mais que signifie la fin du discours d'Anchise ? Pourquoi, aux Enfers, tant de siècles avant la naissance de l'enfant, jette-t-il déjà des fleurs sur sa tombe, alors que cette tombe n'existe pas ? Ici encore, il faut admettre que dans le tableau vu par Virgile et connu d'Auguste était figurée la tombe de Marcellus au Champ de Mars, sur laquelle le vieil aïeul Anchise versait des fleurs. Et que veulent dire au juste ces mots célèbres : *Tu Marcellus eris ?* Le seul sens admissible est celui-ci : "Tu seras un autre Marcellus, égal à l'ancien." Mais Virgile ne dit pas cela ; il l'indique seulement d'une manière vague ; emporté par le sentiment,

par l'éloquence émue, il n'a pas exprimé complète-
ment sa pensée. Cet exemple n'est pas isolé.
Il ne faut pas oublier, quand on lit l'*Énéide,* que
Virgile, la laissant inachevée, avait exprimé le
vœu qu'on brulât le manuscrit, désir dont ses amis
et exécuteurs testamentaires, Varius et Tucca,
eurent mille fois raison de ne pas tenir compte.
Tel qu'il est, cependant, ce chef d'œuvre n'est pas
sans taches ; il y en a même aux plus beaux
endroits.

Voici comment l'abbé Delille a rendu la fin de
ce passage fameux, dans sa traduction de l'*Énéide*
(1804) qu'on a le tort de ne plus lire aujourd'hui :

Ah ! jeune infortuné, digne d'un sort plus doux,
Si tu peux du destin vaincre un jour le courroux,
Tu seras Marcellus ! . . . Ah ! souffrez que j'arrose
Son tombeau de mes pleurs. Que le lys, que la rose,
Trop stérile tribut d'un inutile deuil,
Pleuvent à pleines mains sur son triste cercueil
Et qu'il reçoive au moins ces offrandes légères,
Brillantes comme lui, comme lui passagères !

Il y a moins d'élégance, mais plus de nerf dans
cette traduction allemande de Norden (1903) :

Weh dir, armes Kind ! Dass dir's gelänge,
Deines Dämons Fesseln doch zu brechen :
Was für ein Marceller würdest du !
Reicht mir Lilien her mit vollen Händen,

Dass ich ihre Purpurblüten streue :
Diese letzten, undankbaren Spenden
Will ich meines Enkels Seele weih'n !

Rien n'est plus intéressant que de comparer des traductions en vers ; elles révèlent à la fois le génie de la langue traduite et celui des langues dont se sont servis les traducteurs.

***

Virgile est mort à cinquante-et-un ans ; Lucain, qui avait été très précoce, se tua à vingt-six ans, en l'an 65, laissant la *Pharsale* inachevée.   Mais il y a dans ce poème des beautés si hautes qu'on peut se demander si Lucain, épargné par la jalousie de Néron, n'aurait pas été le plus grand des poètes latins.   Je vais vous enseigner quelques vers de lui qui décrivent la douleur de votre malheureuse homonyme, Cornélie, après l'assassinat de son époux, le grand Pompée :

. . . " *Nunquam veniemus ad enses*
Aut laqueos, aut praecipites per inania saltus :
Turpe mori post te solo non posse dolore."
Sic ubi fatu, caput ferali obduxit amictu
Decrevitque pati tenebras puppisque cavernis
Delituit saevumque arcte complexa dolorem
Perfruitur lacrimis et amat pro conjuge luctum.[1]

[1] Lucain, *Pharsale*, xi. 106–112.

N

(Paroles de Cornélie) : *Nunquam veniemus ad enses,* jamais nous (n'en) viendrons (je n'en viendrai) aux épées ; *aut laqueos,* ou aux lacets (nœuds coulants pour se pendre) ; *aut saltus praecipites per inania,* ou aux sauts la-tête-en-avant à travers les (espaces) vides. *Turpe non posse mori post te,* il est honteux de ne pouvoir mourir après toi ; *solo dolore,* par la seule douleur.—*Ubi sic fata,* quand ainsi (elle eut) parlé ; *obduxit caput amictu ferali,* elle couvrit sa tête d'un voile funèbre ; *decrevitque pati tenebras,* et décida de supporter les ténèbres ; *deliluitque cavernis puppis,* et se cacha dans les fonds du navire ; *complexaque arcte,* et ayant embrassé étroitement ; *saevum dolorem,* sa douleur cruelle ; *perfruitur lacrimis,* elle jouit-à-fond de ses larmes ; *et amat luctum pro conjuge,* et aime (son) deuil à la place de (son) époux.

"Non, jamais je n'en viendrai à me percer d'une épée, à me pendre, à me précipiter dans le vide ! Après toi, il serait honteux de mourir autrement que par la seule douleur." Ayant ainsi parlé, elle couvrit sa tête d'un voile de deuil, se condamna à vivre dans les ténèbres, se cacha dans la cale du navire ; embrassant étroitement sa cruelle douleur, elle jouit avec transports de ses larmes et, à la place de son époux, elle aime son deuil."

Ma traduction n'est qu'une trahison ; mais si j'ai réussi à vous donner un peu le sentiment du latin et du génie latin, vous conviendrez avec moi que les deux vers :

Turpe mori post te solo non posse dolore . . .
Perfruitur lacrimis et amat pro conjuge luctum

sont parmi les plus beaux que puisse prononcer
une bouche humaine. Trouverait-on mieux dans
aucune littérature ?

Cet héroïsme cornélien de la morale romaine
nous porte parfois à méconnaître, dans les poètes
latins, une sensibilité profonde, une pitié sans
emphase dont Virgile, le plus chrétien des païens,
n'a pas été seul à donner l'exemple. Témoin ces
vers exquis de Juvénal, qui sait être tendre comme
il sait s'irriter et instruire :

> *. . . Mollissima corda*
> *Humano generi dare se natura fatetur*
> *Quae lacrimas dedit : haec nostri pars optima*
> *sensus . . .*
> *Naturae imperio gemimus cum funus adultae*
> *Virginis occurrit, vel terrā clauditur infans*
> *Et minor igne rogi . . . .*[1]

Natura fatetur, la nature témoigne ; *se dare corda mol-
lissima generi humano*, soi (elle) donner des cœurs très
compatissants au genre humain ; *quae dedit lacrimas*, (elle)
qui (lui) a donné des larmes ; *haec pars nostri sensus optima*,
cette part de notre sensibilité est la meilleure. *Gemimus*

---

[1] Juvénal, *Satires*, xv. 131, 138 et suiv.

imperio naturae, nous gémissons par ordre de la nature ; *cum occurrit,* lorsque se présente (à nous) ; *funus virginis adultae,* le convoi d'une vierge adulte ; *vel infans clauditur terrā,* ou qu'un enfant est enfermé dans la terre ; *et minor igne rogi,* et trop petit pour le feu du bûcher (à Rome, les tout jeunes enfants étaient inhumés, jamais incinérés).

" La nature, par le don des larmes, témoigne qu'elle a doué le genre humain d'un cœur compatissant ; c'est la meilleure part de nous-mêmes . . . C'est par ordre de la nature que nous gémissons lorsque nous rencontrons le convoi funèbre d'une jeune fille adulte, on quand la terre reçoit le corps d'un enfant trop petit pour le bûcher."

Je ne vous ai rien dit des grandes colères de Juvénal, dont les éclats semblent aujourd'hui un peu factices ; mais voici un conseil de conduite qu'il nous donne et dont je ne voudrais pas vous priver :

Summum crede nefas animam praeferre pudori
Et propter vitam vivendi perdere causas.[1]

Crede nefas summum, crois (que c'est) le crime (l'impiété) suprême ; *praeferre animam pudori,* de préférer la vie (*anima,* vie ; *animus,* âme) à l'honneur (*pudor,* à la fois honneur et pudeur, le souci de la dignité chez l'homme comme chez la femme) ; *et perdere propter vitam,* et de

---

[1] Juvénal, *Satires,* viii. 83-84.

perdre pour (l'amour de) la vie ; *causas vivendi*, les raisons de vivre.

" Regarde comme le crime suprême de préférer l'existence à l'honneur et de renoncer, pour vivre, aux biens qui font le prix de la vie."

Remarquez cette belle expression concise : *vivendi perdere causas*, intraduisible littéralement dans une langue moderne. La sagesse romaine perd la moitié de sa force persuasive pour qui n'en reçoit pas directement les leçons.

Mais il est temps de finir :

Et jam tempus equūm fumantia solvere colla.[1]

" Il est temps de délivrer (du joug) le col fumant de nos coursiers."

Je veux seulement, chère Cornélie, vous dédier ce qui précède en citant un dernier vers de Virgile que je me permets très discrètement de modifier :

Accipe et haec, manuum quae sunt monumenta mearum ! [2]

S. R.

---

[1] Virgile, *Géorgiques*, ii. 542.   *Equūm* pour *equorum*.
[2] Id., *Énéide*, iii. 486 : " Reçois aussi ces (présents), qui sont un ouvrage de mes mains."

TABLE DES MATIÈRES

182

Richard Clay & Sons, Limited, London and Bungay.